내 소중한   에게

인생을 어떻게 살면 좋겠냐고 묻는
딸에게

인생을 어떻게 살면 좋겠냐고 묻는
딸에게

/
한창욱 지음

빅마우스

Prologue
고단한 삶 속에서,
날개를 준비하는 딸에게

네가 세 살 때였을 거야. 우리 가족은 여름밤에 무더위를 식히려 한강변에 갔단다. 돗자리를 깔려 했는데 갑자기 세찬 바람이 불었어. 아빠는 잠시 네 손을 놓고 달려가서 날아가는 돗자리를 잡아 왔지. 다시금 달아나지 못하게 엄마와 한 귀퉁이씩 차지하고 앉아 준비해 온 음식을 서둘러 배낭에서 꺼냈지. 그러고 보니 네가 보이지 않는 거야.

눈앞이 깜깜해지더라. 두리번거리다 일어나서 사방팔방으로 뛰어다녔어. 얼마나 찾아 헤맸을까. 잃어버리는 건 아닌가 싶어서 불안한 마음에 발을 동동 구르며 찾아다니다가 인파를 헤치며 앞만 보고 직진하는 너를 발견한 거야. 너도 내심 가족을 찾았던 거였니? 이름을 부르니 돌아서며 환하게 웃는데, 어찌나 마음이 놓이고 반갑던지 눈물이 핑 돌더구나.

그날 이후로 아빠는 종종 잃어버린 너를 찾아 세상 이곳저곳을 헤매곤 했단다. 아무리 찾아도 보이지 않아서 땅이 꺼지도록 한숨을 쉬다가 잠에서 깨어나면 네가 옆에서 쿨쿨 자고 있었지. 곤히 잠든 네 얼굴을 내려다보면서 딸을 키운다는 것이 인생의 가장 큰 행운이요, 가장 큰 축복임을 새삼 느끼곤 했단다.

하지만 물가에 내놓은 아이 같아서 마음 한구석은 항상 조마조마

했어. 아마도 너무 소중하기 때문에 느끼는 상대적인 불안감이었을 거야.

세월이 흐르면 너는 성장해 어른이 되고, 나는 또 그만큼의 나이를 먹겠지. 하지만 네가 커가는 걸 지켜보는 즐거움을 그 무엇에 비할 수 있겠니? 바라보기만 해도 과분한 행복인 것을.

아빠는 너를 만난 뒤 매사에 감사하며 살았다. 그렇다고 늘 좋았던 건 아냐. 가장 힘들었던 건 공부에 힘겨워하는 너를 등 뒤에서 말없이 지켜봐야 할 때였어. 너에게 해주고 싶은 이야기도 많았지만, 예민한 사춘기다 보니 꼭 필요한 말이 아니면 입안으로 굴리다 삼키곤 했어.

행여 잔소리로 들릴까 봐, 행여 너하고 사이가 멀어질까 봐 차마 말하지 못한 것들을 노트에다 적어놓곤 했지. 언젠가 네가 기분이 좋을 때 들려주려고.

차마 뱉지 못한 입안의 말들이 글이 되어서 하나하나 모이다 보

니 어느새 노트 한 권 분량이 되었구나. 네가 사회인이 된 뒤로는 아빠도 잊고 살았는데, 오래전 인연을 맺은 지인이 이렇게 말씀하시더구나.

"부모 마음이 같듯이 세상의 딸들도 마음은 모두 같을 겁니다. 삶이 고단할수록 아버지의 진심이 담긴 목소리가 그립지요."

결국 그분의 용기와 격려에 힘입어서 그동안 썼던 원고를 다듬었고, 마침내 이렇게 책으로 세상에 선보이게 되었단다.

아빠가 그동안 여러 권의 책을 냈지만, 이 책은 감회가 특별하구나. 꼭 해주고 싶었지만 이런저런 이유로 차마 하지 못했던, 마음속에 가득했던 말들을 한꺼번에 쏟아낸 것 같아서 후련하기도 하고, 널 품 안에서 떠나보내는 것만 같아 아쉽기도 하구나.

사랑하는 딸아, 오리처럼 뒤뚱거리며 걷던 네가 어느새 늠름한 사회인이 되었구나. 너에게 항상 좋은 일이 있기만을 바라지만, 한평생 사는 동안 어떻게 좋은 일만 있겠니?

삶에 지치고 힘들 때 이 글을 읽으렴.

앞으로 네가 살아가야 할 날들은 깃털처럼 많은데 사람 일은 한 치 앞도 알 수 없어서, 평생 해야 할 아빠의 잔소리를 이 책으로 대신 갈음하려 한다.

아빠는 네가 어디서 무엇을 하든, 항상 널 믿고 응원한다.

예쁘게 자라줘서, 고맙다!

아빠가

Contents

Chapter 1

아직은 삶이 서툰 딸에게

Chapter 2

멋진 미래를 향해 나아가는 딸에게

Chapter 3

눈부시게 예쁜 딸에게

Chapter 4

사랑을 해서 사랑스러운 딸에게

Chapter 5

흔들려도 다시 일어서는 딸에게

Chapter 6

삶의 묘미를 알아가는 딸에게

인생을 어떻게 살면 좋겠냐고 묻는 딸에게

사랑하는 딸아,
너는 인생을 이렇게 살아라

그 시절, 나의 말은 노래였고
나의 걸음걸이는 춤추고 있었다.
하나의 리듬이 나의 사상과 나의 존재를
다스리고 있었다.
나는 젊었던 것이다.
_앙드레 지드

나 자신을 사랑하자

인생에서 가장 중요한 것 중 하나가 사랑이야. 우리는 매일 입버릇처럼 '사랑'에 대해서 말하지만, 정작 나 자신은 사랑하지 않는 사람이 상당수야.

나를 사랑하지 못하는 사람은 누구도 사랑할 수 없어. 좋은 사람을 만나도 미움과 원망만 쏟아붓다가 이별하지.

청춘일 때는 왕성한 호르몬의 분비로 말미암아 감정의 기복도 심해지고, 삶 자체도 불안하게 느껴지지. 수많은 나의 장점보다는 몇 안 되는 나의 단점에 사로잡히기 쉬운 시기야. 별것도 아닌 콤플렉스에 사로잡혀서 세상을 왜곡해서 바라보거나, 자기 비하적인 감정에 빠져서 아까운 세월을 허비하지 마라.

딸아, 멋진 사랑을 하고 싶다면 '있는 그대로의 나'를 사랑하렴. 부족하면 부족한 대로, 모자란 부분은 모자란 대로 사랑하는 거야. 그럼 분명 내일은 좀 더 나아진 나 자신을 사랑하게 될 거야.

반듯한 자세로 살아라

사람은 자세에 따라서 평가가 달라져.

정면을 응시하며 반듯하게 걸어가는 사람은 당당해 보이고, 책상에 앉아서도 허리를 꼿꼿하게 펴고 있는 사람은 왠지 모르게 믿음이 가지.

요즘은 책상에 앉아서 긴 세월 공부를 한 데다 스마트폰을 오래 들여본 탓인지 등이 굽거나 거북목인 청춘이 많더라.

책상에 앉을 때는 의식적으로 허리를 펴고 반듯하게 앉아라. 일정한 시간이 지나면 이내 예전의 자세로 돌아갈 거야. 습관을 고치고 싶다면 스마트폰을 이삼십 분에 한 번씩 진동하도록 해놓았다가 진동이 울리면 곧바로 허리를 펴는 것도 하나의 방법이야.

혼자서 이것저것 해보고, 잘되지 않으면 요가학원을 다녀라. 물론 상태가 심각하면 전문가의 도움을 받아야 하지만 그 전에 스스로 자세를 교정해봐.

딸아, 반듯한 사람이 반듯해 보인단다.

불만족하다면 투덜대지 말고
구체적인 대안을 제시해라

딸아, 아빠는 네가 사춘기를 지나면서 투덜대는 걸 무척 많이 봤단다. 거울 보면서 투덜대고, 밥 먹으면서 투덜대고, 공부하면서 투덜대곤 했지.

제대로 표현하지는 않았지만 거울에 비친 네 모습이 마음에 안 들고, 음식이 마음에 안 들고, 공부하는 방식이나 결과가 마음에 안 들었던 거겠지.

불만족 자체가 나쁜 건 아냐. 모든 혁신은 불만족에서부터 시작되니까. 필요는 발명의 어머니라는 말처럼 불만족은 창조력을 자극해 새로운 세계를 열곤 하지.

문제는 불만족이 투덜거림에서 끝난다는 거야. 삶이 만족스럽지 않다면 그 이유를 찾아서 곰곰이 생각해보고 대안을 제시해라. 예를 들어서 용돈이 적다면 부족한 근거를 제시하고, 인상을 요구하며 협상하는 거야. 출근할 때마다 전철에 사람이 많아서 옷이 구겨지고 구두가 밟힌다면, 출근 시간을 앞당기거나 다른 교통편을 찾아보는 거야.

딸아, 한 가지 문제에는 여러 해결 방법이 있단다. 어쩔 수 없다는 것은 어쩔 수 없다고 생각하기 때문에 어쩔 수 없는 거야.

결핍을 성장 발판으로 삼아라

세상에 완전한 인간은 누구도 없어. 살다 보면 너 또한 경제적 결핍이나 지적 결핍 등을 느끼게 될 거야. 결핍이 심할 때는 좌절감 혹은 허탈감을 느끼기도 하지.

청춘의 결핍은 부끄러운 일이 아니야. 다만, 결핍을 알고도 채우려 하지 않는다면 그건 부끄러워해야겠지.

결핍이란 어떻게 받아들이느냐에 따라서 헤어나올 수 없는 늪이 되기도 하고, 발판이 되기도 한단다.

딸아, 결핍을 성장 발판으로 삼아 힘차게 도약하렴. 계기가 없으면 시작도 없고, 시작하지 않으면 아무것도 이룰 수 없단다.

스스로 판단해서 결정할 능력을 키워라

인생은 선택의 연속이다.

어떤 가치관을 가지고 인생을 살 것인지, 어떤 학문이나 기술을 배워서 어떤 직업을 가질 것인지, 교제 중인 남자의 장단점을 파악해서 결혼할 것인지 말 것인지 등등을 스스로 판단할 수 있어야 해. 스스로 결정해야 동기 부여도 되고, 결과에 대해서도 책임을 느끼게 되거든. 현명한 선택을 할 줄 알아야 후회 없는 삶을 살 수 있어.

아빠는 네 인생의 모든 일을 너 스스로 판단하고 결정하길 바라. 스스로 결정하기 어렵다면 주변 사람들에게 조언을 구하고, 다른 사람들은 이런 경우 어떤 결정을 하는지, 네가 한 결정에 대해서 스스로 책임질 수 있는지 등등을 검토해본 뒤 결정하는 거야.

네가 내린 결정이 타인의 눈에 다소 이기적으로 보여도 괜찮아. 세상 사람들은 자신의 행복과 이익을 추구하느라 여념이 없거든.

딸아, 아빠는 언제나 네 결정을 존중한다.

가장 잘하는 것으로 승부해라

사람은 저마다 장점이 있다. 그 장점은 선천적으로 타고나기도 하고, 후천적으로 얻어지기도 하지.

'멋진 인생'은 장단점을 합산해서 평균을 내는 성적표 같은 게 아님에도 수많은 사람이 단점을 보완하는 데 많은 시간을 쏟고 있지. 팔방미인이 멋있어 보이지만 가까이서 들여다보면 피곤한 삶일 뿐이야. 여러 가지 잘할 것 없이 한 가지만 잘하면 돼.

네가 가장 잘하는 것을 찾아보렴. 잘 모르겠으면 뭘 하고 싶은지, 뭘 할 때 가장 즐거운지 곰곰이 생각해봐.

이것저것 하다 보면 의외의 곳에서 재능을 발견하는 순간이 올 거야. 직접 부딪치기 전에는 네 안에 어떤 가능성이 숨어 있는지 알 수 없어.

딸아, 인생에 정답은 없단다. 하고 싶은 것을 하며 사는 것도 멋진 인생이고, 잘하는 것을 하며 사는 것도 멋진 인생이야.

너의 삶을 한 줄로 요약해라

아빠는 아주 오래전부터 네가 어떤 인생을 살게 될지 궁금했어.

요람 안에서 음악에 취해 두 눈을 감고서 벌의 날갯짓처럼 팔다리를 마구 흔들 때는 무용수가 될 것 같아서 설렜고, 물감으로 도화지를 넘어 방바닥까지 이용해서 그린 대작을 봤을 때는 화가가 될 것 같아서 설렜단다.

너는 어떤 사람이 되고 싶니?

살아가고 싶은 인생을 한 줄로 요약해봐. 오랜 세월이 흐른 뒤 너의 묘비명에 새겨질 글귀라고 생각하면서 말이야.

마음이 간절하다면 인생은 결국 원하는 방향으로 흘러간단다. 목적지까지 가느냐 중간에 돌아서느냐는 너의 노력 여부에 달려 있지만.

딸아, 아빠는 너의 그 소망이 이루어지기를 소망한단다.

살고 싶은 인생을 찾았으면 시작해라

세월은 원래 흘러가지만, 생각만 하고 있으면 훨씬 더 빨리 흐른단다.

잘할 수 있거나 하고 싶은 일을 찾았다면 시작해라. 하고 있는 공부 혹은 일 때문에 당장 시작할 수 없다면 인터넷으로라도 검색해보거나 관련된 책이라도 찾아서 읽어라. 수소문해서 그쪽 일을 전업으로 하는 사람도 만나봐라.

일단 관심을 가져야만 흥미가 생기고, 흥미가 생겨야만 집중력이 생긴다. 시간이 가는 줄도 모르고 몰입하다 보면 어느새 원하는 사람이 되어 있지.

중간에 꿈이 바뀌면 어떻게 하냐고?

어릴 적 막연했던 꿈은 나이를 먹으면서 점점 현실적으로 바뀌는 게 정상이야.

딸아, 한 가지만 기억해두렴. 시작하지 않고도 이룰 수 있다면 그것은 가치 있는 일이 아니라는 사실을!

거창하게 시작하지는 마

시작은 규모보다는 속도가 중요하다. 물론 거창하게 시작해도 나쁠 건 없지만 준비 기간이 필요하기에 속도가 떨어진다는 단점이 있지.

시작해야겠다고 결정했으면 일단 시작해라.

공부해야겠다고 마음먹었으면 일단 책상에 앉아서 이삼일이라도 공부해봐. 외국어 공부를 해야겠다고 결정했으면 일단 유튜브 영상이라도 찾아서 틈틈이 공부해봐. 다이어트를 해야겠다고 결심했다면 며칠이라도 줄넘기나 조깅을 해봐.

학원이나 피트니스클럽은 추진력이 좀 붙은 뒤에 등록하는 게 좋아. 그래야 작심삼일로 끝나지 않고 꾸준히 해나갈 수 있어.

딸아, 거창하게 하려 하지 말고 일단 시작해라.

계획마저도 없으면
인생은 제멋대로 흘러가지

봉준호 감독의 영화 〈기생충〉에서도 보여지듯, 인생은 계획대로 흘러가지 않아. 그렇다고 계획 없이 살아서는 안 돼. 아예 손을 놓아 버리면 인생은 예측 불가능한 영역으로 흘러가거든.

정확한 목표가 있어야 계획을 세울 수 있단다.

목표는 네가 현재 서 있는 위치, 가야 할 방향, 가는 데 걸리는 시간을 가늠하게 해주지. 물론 아무리 치밀하게 계획을 세워도 그대로 진행되는 경우는 많지 않아. 그럴 때는 즉시 계획을 수정해야 해.

딸아, 부랑자와 여행자의 가장 큰 차이점이 뭔지 아니? 부랑자는 목적지가 없지만, 여행자는 목적지가 분명하다는 거야. 목적지가 있어야 수만 갈래로 얽혀 있는 길 위에서도, 별 하나 없는 깜깜한 밤중에도 길을 잃지 않거든.

적절한 시기를 놓치지 마라

다들 행복을 찾아다니지만 사실 행복은 평범함 속에 숨어 있지.

모든 일에는 적절한 시기가 있어. 공부할 시기에는 공부하고, 취업해서 일할 시기에는 일하고, 결혼할 시기에는 결혼하고, 아이를 낳을 시기에는 아이를 낳아라.

또래 친구들과 함께하다 보면 외롭지 않고, 경쟁심도 생겨서 큰 힘 들이지 않고서도 할 수 있지. 적절한 시기를 놓치고 뒤늦게 하려면 각별한 각오가 필요하단다.

효도 또한 마찬가지다. 〈논어〉에 이런 말이 있어.

'나무는 고요하고자 하나 바람이 그치지 않고, 자식은 효도하고자 하나 부모가 기다려주지 않는다.'

딸아, 나중에 성공해서 잘하려고 하지 말고, 평상시 부모에게 잘해라. 효도가 별거겠니? 웃는 얼굴로 건네는 따뜻한 말 한마디면 충분하다!

무의미한 하루를 보내지 않길

딸아, 네가 어디서 뭘 하며 하루를 살든 스물네 시간을 사용하게 된다.

소아암 병동에서 자원봉사를 하든, 도서관에서 눈동자가 아프도록 공부하든, 직장에서 동료들이 일하는 시간에 인터넷으로 쇼핑하든, 소파에 누워서 스마트폰을 보며 빈둥거리든 간에 그 시간은 똑같아.

아예 쉬기로 작정하지 않은 이상, 하루를 빈둥거리며 무의미하게 보내지는 마라. 쉬지 말고 일하라는 게 아니야. 단지, 하루가 끝나갈 즈음에 '내가 대체 오늘 뭘 한 거야?'라는 허탈감이 들어서는 안 된다는 거란다.

머리가 복잡하거나 근심 걱정에 아무것도 손에 잡히지 않을 때는 차라리 거리를 싸돌아다니거나 인근 공원이라도 산책해라.

인생은 그림 조각 맞추기 같은 거야. 무수히 많은 조각으로 이뤄져 있어서 몇백 개쯤은 없어도 상관없을 것 같고, 실제로도 크게 상관은 없어. 하지만 인생 후반기가 되면 후회한다. '한 번뿐인 인생인데 이왕이면 좀 더 멋지게 살걸' 하고.

딸아, 시간을 물처럼 사용하지 마라. 언젠가는 네가 헛되이 사용한 시간에 반격을 당하게 된다.

스마트폰은 시간을 정해놓고 사용해라

다들 스마트폰을 끼고 사는 세상이니 멀리하라고는 못 하겠구나. 스마트폰은 여러모로 장점이 많은데 주로 엔터테인먼트를 위해 사용하니 안타까울 뿐이다.

스마트폰은 집중력을 떨어뜨린단다. 그러니 공부나 일을 할 때는 시간을 정해놓고 사용하렴. 친구들과 관계가 멀어질까 봐 걱정된다면 SNS 상태 창에다 스마트폰 사용 시간을 적어놓아라. 예를 들면 이런 식이지.

'지금은 공부 중이니 급한 용건이 아니면 저녁 10시 이후에 연락 주세요.'

'지금은 업무 중입니다. 꼭 필요한 용건이 아니면 오후 6시 이후에 연락 바랍니다.'

그리고 보행 중에는 절대로 스마트폰을 들여다보지 마라. 보행 중 스마트폰에 정신이 팔렸다가 위기에 제대로 대처하지 못해 일어나는 사고가 점점 늘어나고 있다.

딸아, 재미있다고 해서 아무 경계심 없이 점점 빠져들면 결국 재미없는 삶을 살게 된다.

집중력을 높여야 할 때는
스톱워치를 이용해라

효율적으로 공부나 일을 하려면 뇌를 잘 활용해라.

뇌는 시간적인 여유가 생기면 자극적이거나 재미있는 것들을 찾아서 기웃거린다. 해야 할 일은 최대한 천천히 비효율적으로 처리하다가, 마감 시간이 가까워지면 마지못해 집중하지.

처음부터 동기 부여를 한 뒤, 감당해낼 만큼의 업무량을 설정하고 마감 시한을 정하면, 뇌는 그 시간 안에 끝내려고 최대한 집중해서 에너지를 쏟는다.

스톱워치는 일종의 마감 시한이라 할 수 있어. 스톱워치를 켜놓고 일에 집중해라. 양이 많아서 장시간 집중력이 요구된다면 중간 점검을 해라. 해야 할 일은 많이 남았는데 마감 시한이 촉박해지면 뇌는 열심히 하는 것이 아니라, 제풀에 지쳐 포기해버리거든. 그럴 때는 '오늘은 삼백 페이지까지만 하고 나머지는 내일 새벽에 일어나서 해야겠다'라는 식으로 타협해라.

인간은 누구나 한정된 시간 안에서 살아가는 존재이다. 그러니 딸아, 일할 때는 집중력을 발휘하거라. 그래야 여유 있는 삶을 꾸릴 수 있다.

하루에 한 시간은
꼭 하고 싶은 일에 투자해라

꿈꾸는 사람은 많은데 꿈을 이루는 이는 많지 않아. 그 이유는 가슴에 품고만 있을 뿐 실천하지 않기 때문이야.

막연하게 생각만 하지 말고 실천을 하렴. 대개의 꿈은 일정한 수준에 올라야만 이룰 수 있다. '현재 나의 실력'과 '꿈을 이룬 사람들의 실력' 사이의 갭을 최대한 좁힐 필요가 있지. 그러기 위해서는 끝없는 연습이 필요해.

여행 전문가가 되고 싶다면 하루에 한 시간은 외국어와 관련 분야를 공부해라. 화가가 되고 싶다면 하루에 최소 한 시간은 그림을 그려라.

실천하지 않고 막연하게 꾸는 꿈은 잠에서 깨면 흔적도 없이 사라진다. 대다수가 그렇게 살다가 후회와 아쉬움 속에 한 번뿐인 인생을 마감하지.

딸아, 하루 한 시간을 네가 꼭 하고 싶은 일에 투자하렴. 그래야 네가 원하는 인생에 한 걸음씩 다가갈 수 있단다.

꾸준하게 일기를 써라

꾸준하게 일기를 쓰면 좋은 점 세 가지가 있다.

하나, 시간 개념이 생긴다. 하루에 있었던 일들을 정리하다 보면 무의미하게 보낸 시간들을 발견할 수 있고, 내일은 어떻게 보내야겠다는 계획을 세울 수 있지.

둘, 사고력이 강해진다. 뇌는 어떤 문제를 어떤 식으로든 한 번 처리하고 나면 두 번 다시 분석하려 들지 않아. 그런데 일기를 꾸준히 쓰다 보면 같은 문제를 새로운 각도에서 볼 수 있어서 분석력이 강해져.

셋, 문장력이 향상된다. 일기를 쓰면 비슷한 생각이나 문장을 자주 쓰게 되는데, 반복 과정에서 자연스럽게 문장이 좋아진단다.

세월에는 눈금이 없단다. 우리가 스스로 새겨놓지 않으면, 흔적도 없이 모든 것을 휩쓸고 지나가지.

딸아, 일기는 살아온 날들의 흔적이자 살아가야 할 날들의 인기척 같은 거란다.

취미생활 차원에서
운동 하나쯤은 해라

취미생활은 살아가는 기쁨을 준다.

인류는 오랜 세월 자연 속에서 육체를 활발하게 움직이며 살아왔지. 콘크리트로 지어진 건물 안에서 책상에 앉아 업무를 보기 시작한 지는 고작 이삼백 년에 불과해.

현대인이 받는 스트레스 대부분은 운동 부족 때문이야. 정신 활동은 활발한 반면 육체 활동이 부족하다 보니, 감정 해소가 제대로 되지 못해서 발생하는 현상이지.

운동을 꾸준히 하면 뇌에서 도파민이라는 행복 호르몬이 분비되어 기분이 좋아지고, 육체적·정신적 면역력이 강화되어 질병과 스트레스에서 벗어날 수 있단다. 또한 몸에 활력이 넘치고 자신감이 생겨서, 무슨 일이든 해낼 수 있다는 강한 의지를 얻을 수 있지.

딸아, 시간이 없다는 핑계로 운동을 거르지 말고 꾸준히 해라. 운동은 뇌와 육체를 활성화해서 인생을 풍요롭게 한단다.

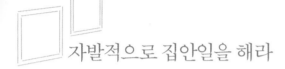

자발적으로 집안일을 해라

공부를 하니까 혹은 회사에 다니니까 집안일은 안 해도 된다는 생각을 하고 있다면 지금 당장 버려라. 여자니까 마지못해 집안일을 하고 있다고 생각한다면 그 생각도 함께 버려라.

집안일은 성별과 상관없다. 남자가 밖에 나가서 돈을 벌어오고, 여자가 집안일을 도맡아 하던 시대는 끝난 지 오래지. 과거에는 그 편이 합리적이고, 서로가 행복하다고 생각했지만 이제는 아니란다.

지금은 세상이 바뀌었다. 맞벌이 부부도 적지 않은 데다 노동 시간도 단축되었다. 남성의 집안일 참여 비율도 점점 높아지고 있다.

무릇 인간이라면 스스로 음식을 만들어 먹을 줄 알아야 하고, 자신이 머물던 자리는 스스로 치울 줄 알아야 하고, 더러운 옷은 깨끗하게 빨아 입을 줄 알아야 한다. 음식을 만들어 먹고, 그릇을 씻고,

청소하고, 빨래하는 건 삶의 기본이다.

딸아, 행복이란 기본 위에서 싹트는 것이란다.

사회에 나왔으면
실용적인 학문을 배워라

학교를 졸업함으로써 공부는 모두 끝났다고 생각한다면 큰 오산이다.

고등교육의 목적을 한마디로 한다면 '대립하는 생각을 균형 잡힌 시각으로 바라보며, 목표에 이르는 길을 찾는 능력을 갖춘 균형적인 지식인을 양성'하는 것이야.

취지는 좋지만, 실용적인 면은 현저히 떨어지는 측면이 있지. 일단 학교를 졸업하고 사회에 나왔으면 실용적인 학문을 배울 필요가 있어. 최근 이론을 접하고, 전문가를 찾아가서 현장에서만 습득할 수 있는 기술과 지혜를 구해라.

실력 있는 자가 존중받는 법이다. 너희가 '꼰대'라고 부르는 사람들이 '꼰대'인 까닭은 스스로 공부를 멈췄기 때문이야.

딸아, 세상은 빠르게 변하고 있다. 매일 새로운 지식과 기술이 쏟아지고 있지. 상사로부터 인정받고, 부하 직원들로부터 존중받고 싶다면 공부를 멈추지 마라.

모르는 것은 물어봐라

모르는 것이 부끄러운 게 아니야. 이미 알아야 할 시기가 지났는데도 모른다면 그건 부끄러운 일이지.

처음부터 아는 사람이 어디 있겠니?

사회생활을 하다가 모르는 것이 있다면 우물쭈물하다 시기를 놓치지 말고, 과감히 물어봐라.

단, 상대방의 수고가 헛되지 않도록 제대로 배워라. 수첩에 적고, 중요한 것은 눈에 띄도록 박스를 그리고 별표를 쳐두어라.

딸아! 열심히 배우면 너는 배움의 기쁨을, 상대방은 가르침의 기쁨을 얻게 된단다.

정리 정돈만 잘해도 성실해 보인다

딸아, 항상 정리 정돈에 신경 써라.

세상 사람들은 눈에 보이는 사소한 것들로 그 사람의 능력이나 품성을 추측한다. 정리 정돈을 못하면 저평가될 가능성이 크다.

컴퓨터 초기 화면도 항상 깔끔한 상태를 유지해라. 일을 맡았으면 시작할 때부터 끝날 때까지 일목요연하게 하나의 폴더에다 정리해놓아라.

메일함도 마찬가지다. 수시로 메일함 정리를 하고, 중요한 메일은 별도의 폴더를 만들어 보관해라.

퇴근하기 전에는 책상과 주변을 깔끔하게 정리해라. 하루 일을 마쳤다는 기분이 들어서 좋고, 다음 날 출근해서 일을 시작할 때도 새로운 마음가짐을 가질 수 있단다.

기회 있을 때마다 무대에 올라라

실수는 한 살이라도 어릴 때 하는 편이 낫다.

무대에 서는 것을 두려워하지 마라. 살아가다 보면 가슴 떨리는 순간과 마주칠 수밖에 없단다. 미리부터 크고 작은 무대에 서봐야 면역력이 생기지.

취업준비생은 면접관 앞에서 질문에 답해야 하고, 직장인은 임직원 앞에서 중요한 프레젠테이션을 해야 하고, 수상자는 수많은 사람이 지켜보는 가운데 감사 인사를 해야 해. 혹여 누명 쓰거나 억울한 일을 당했다면 카메라 앞에 서서 해명해야 하는 상황이 올 수도 있지.

지금 약간 떨린다고 해서 작은 무대를 외면해버리면 훗날 정작 큰 무대에 섰을 때 큰 창피를 당하거나, 모처럼 찾아온 기회를 놓치고 만단다. 평소에 사람들 앞에서 네 생각을 밝히고, 노래 부를 기회가 있다면 비록 음치일지라도 부끄러워 말고 앞에 나가서 한 곡이라도 불러라.

딸아, 별거 아닌 것 같은 생활 속의 작은 무대가 대인공포증을 감소시켜 주는 묘약이란다.

좋은 친구를 발견했으면 먼저 다가가라

관계의 시작은 관심이다.

좋은 친구를 발견했으면 주저하지 말고 먼저 다가가라. 네가 관심을 표하면 상대방도 너에게 관심을 갖게 마련이다.

세상에는 수많은 사람이 있지만 한평생 살면서 마음을 주고받을 수 있는 친구는 손가락으로 꼽을 정도밖에 되지 않아. 그 친구들도 대개는 서른 살 이전에 사귀게 마련이지.

나이를 먹으면 좋은 사람을 만나도 절친한 사이로 발전하기 어렵다. 깊은 정을 주고받기에는 생각도 많은 데다 각자의 삶이 바쁘기 때문이지.

딸아, 좋은 친구는 오랫동안 부은 적금 같아서, 생각하는 것만으로도 힘이 된단다.

베프를 두 명 이상 만들어라

인간의 삶은 누구도 예측할 수 없단다.

살다 보면 누군가의 도움이 절실히 필요한 위급 상황에 놓이기도 하고, 지독한 외로움 속에 무방비 상태로 방치되기도 하고, 아무도 내 말을 믿어주지 않아 억울하여 죽고 싶은 때도 있지.

그때 부르면 달려와줄 베프를 두 명쯤은 만들어놓으렴. 베프가 한 명이면 외국에 나가 있을 수도 있고, 긴박한 사정 때문에 못 올 수도 있거든.

베프는 우정의 꽃이라고 할 수 있지. 그런 우정을 꽃피우려면 너부터 솔선수범해야 해. 베프가 도움을 청하면 만사 제쳐놓고 달려가렴.

딸아, 속담에도 있듯이 '가는 정이 있어야 오는 정이 있는 법'이란다.

친구들 앞에서 잘난 체하지 마라

친구들 앞에서 과시욕을 부리지 마라.

네가 잘났다면 굳이 잘난 체할 필요가 없고, 잘나지 못했는데 잘난 체했다면 그것은 허세일 뿐이야.

설령 네가 친구들보다 우월하다는 사실을 증명한다고 해도, 친구들은 너를 인정하기보다는 시샘해서 오히려 멀어진다.

좋은 일이 있거나 새 물건을 샀다면 솔직 담백하게 말해라. 불행한 일을 겪었거나 경제적으로 어려운 처지에 있는 친구 앞이라면 드러내지 않고 감추는 것도 지혜야.

딸아, 곤경에 빠진 친구를 배려할 줄 모르는 사람은 곤경에 빠졌을 때 신도 배려해주지 않는단다.

다른 사람들 앞에서
친구를 흉보지 마라

친구는 나의 또 다른 얼굴이다. 설령 친구 때문에 마음 상하는 일이 있다 해도, 다른 사람들 앞에서 친구를 흉보지 마라. 그들은 고개를 끄덕이면서 마음속으로는 너를 흉본다.

친구가 계속 같은 일로 네 마음을 상하게 한다면 대화로 해결해 보고, 시간이 지나도 달라지지 않으면 점차 만남을 피하는 식으로 관계를 정리해라.

오래 보면 얼굴도 품성도 닮아가는 법이다. 좋은 친구를 곁에 두고 있으면 좋은 친구가 되고, 나쁜 친구를 곁에 두고 있으면 나쁜 친구가 된다.

딸아! 누군가 친구를 칭찬하면 맞장구쳐주고, 친구를 흉보면 감싸주어라. 소문은 귀도 크고 발도 빠르단다.

편 가르기 좋아하는 친구는 멀리해라

자기만 아는 사람이 점점 늘어나고 있다.

자기만 아는 사람은 자신의 이익에 민감해서 툭하면 편을 갈라 눈에 보이지 않는 이런저런 이익을 챙긴다. 자기편이면 친구로, 그렇지 않으면 적으로 삼지.

편을 가르는 이유는 사고의 균형 감각이 떨어지기 때문에 아군을 만들어서 자기를 보호하기 위함이야. 이런 친구와 한편이면 독선적인 행동 때문에 괴롭다. 또 등을 돌릴 때 배신자라고 무차별적인 공격을 퍼부으니 괴로워.

그러다 일이 잘되면 알맹이는 친구가 챙겨 가고, 잘 안되면 연대 책임을 지거나 너 혼자 덤터기를 쓸 수도 있지.

딸아! 끝이 벼랑이면 다른 길을 찾아야 하듯이, 사귀어서 좋을 일 없는 사람은 멀리하는 게 현명하단다.

이런 친구가 되어라

좋은 친구를 사귀고 싶다면 먼저 내가 좋은 친구가 되어야 한다. 항상 두 가지를 명심해라.

첫째, 신뢰할 수 있는 친구가 되어라.

신뢰는 진실을 재료로 삼아 빚은 거울과도 같다. 아름답지만 한 번 깨어지면 예전과 같은 관계로 돌아갈 수 없지. 친구에게 의심을 살 말과 행동은 하지 마라.

둘째, 친구의 꿈을 응원해줘라.

친구가 잘나갈 때는 질투하지 말고, 진심으로 축하해줘라. 친구가 너보다 어려운 상황에 빠져 있다면 우쭐해하지 말고, 용기와 자신감을 불어넣어줘라.

딸아, 아무리 험한 길도 친구와 함께 걸으면 힘든 줄 모른단다. 또한 아름다운 꽃길도 친구와 함께 걸어야 즐거운 법이지.

착하게 살되,
칭찬에 목매지 마라

선행해서 칭찬받는 건 좋은 일이야. 그러나 칭찬을 받기 위해서 선행하지는 마라. 기분은 좋을지라도 그때뿐이다.

인간은 칭찬에 인색하다. 다른 사람을 칭찬할 경우 상대적으로 자신이 인정받지 못하는 결과를 낳을지도 모른다는 두려움 때문이지. 칭찬받기 위해서 선행을 했는데 아무도 칭찬해주지 않으면 실망하겠지?

딸아, 선행은 그 자체로 의미가 있단다. 처음부터 좋은 의도로 선행을 베풀면 자존감이 높아지고, 세상이 아름다워 보이지. 또한 마음속에 오래도록 은은한 향기로 남는단다.

인간에게 관심과 애정을 가져라

개인주의가 팽배하다 보니 인간에 대한 관심과 애정에 목마른 이가 점점 늘고 있지. 동료 혹은 친구와 음식점에 가도 각자 스마트폰을 들여다보고, 누가 중요한 이야기를 해도 딴생각을 하거나 엉뚱한 짓을 하다가 놓치기 일쑤지.

사람을 만났으면 스마트폰은 가방에 넣어둬라. 상대의 눈을 보면서 그가 하는 이야기에 진지하게 귀를 기울여라. 그의 이야기에 충분히 공감해줘라. 항상 생각하고 배려해줄 수는 없으니까 그 순간만이라도 관심과 애정을 가지렴.

딸아, 관심과 애정이 없는 대인관계는 물을 주지 않는 식물과 같단다. 지금은 보기 좋을지 몰라도 예쁜 꽃을 피우기도 전에 시들어버리지.

만만한 사람이 되지 마라

좋은 사람으로 살아가되, 마냥 좋은 사람으로 인정받으려 하지는 마라.

부당한 대우를 받았는데 웃고 넘기면 너의 인격을 칭찬하는 게 아니라, 점점 더 부당하게 대우한단다. 그런 대접을 받아도 된다고 착각하지.

'개도 사나운 개를 돌아본다'는 속담이 있다. 매사에 참는 것이 능사는 아니야. 부당하다 싶은 일은 참지 말고 부당함에 대해서 조목조목 따져라. 단, 여러 사람이 보고 있는 장소에서 반발하면 권위에 대한 도전으로 인식할 수 있으니, 조용한 장소로 불러내 너의 입장과 생각을 피력하렴.

딸아, 낮은 목소리로 부당함을 합리적으로 증명하면 너에 대한 인식이 달라져서 그 뒤로는 함부로 대하지 못한단다.

감정적으로 끌려다니지 마라

　교묘한 말로써 타인의 감정을 제멋대로 조종하는 사람이 있다. 자신의 처지나 부모 형제를 내세우기도 하고 동료애나 우애 등을 앞세워서 거절할 수 없게끔 만든 뒤, 난처한 부탁을 해오는 사람이 종종 있지.

　돕고 사는 세상이라 해도 어느 쪽으로든지 내 인생에 도움이 되어야 해, 물질적이든 정신적이든.

　상대방의 처지에 충분히 공감하고, 그다지 어려운 부탁이 아니라면 들어줘도 상관없어. 그러나 친한 사이도 아닌 데다 들어주려니 인생을 쓸데없는 곳에 소모하는 것 같은 기분이 든다면 단호히 거절해라.

　딸아, 즐겁게 살기 위해서는 마음관리를 잘해야 해. 스트레스를 유발할 게 빤한 부탁은 백 번이라도 거절해라.

주눅 들지 마라,
비굴도 습관이 된다

살다 보면 소위 잘나가는 사람을 만나게 돼. 부러워할지언정 주 눅 들지는 마라. 그런 사람을 만날 때마다 기가 꺾여서 웅크리다 보 면 인생이 점점 초라하게 느껴질 테니.

정치인이든 건물주이든, 천재든 유명배우든, 스포츠 스타든 아이 돌 가수든 간에 삶은 다 비슷비슷해. 멀리서 보면 제각각이지만 가 까이서 들여다보면 너와 다른 특별한 삶을 살아가는 건 아냐.

그들이라고 해서 알에서 태어났거나 초능력을 지닌 것도 아니잖 니? 태어나 보니, 혹은 열심히 살다 보니 그렇게 된 것뿐이야.

딸아, 주눅 들지 말고 너 자신을 그들과 같은 선상에 놓고 당당하게 대해 라. 그러다 보면 언젠가는 너도 그들과 어깨를 나란히 하게 될 거야.

말을 많이 하면
운신의 폭이 좁아진다

말은 일종의 약속이야.

직업상 말을 많이 해야 하더라도 사석에서는 너무 많은 말을 하지는 마라. 말을 많이 하다 보면 지켜야 할 약속이 늘어나서 삶이 피곤해진다. 보이지 않는 밧줄로 스스로를 옭아매는 셈이지.

우리 주변에는 말을 많이 하면서도 활개 치며 돌아다니는 사람들이 있어. 인맥이 넓어서 부러움을 사기도 하지만 이런 사람 중에는 신뢰할 수 없는 이가 상당수야.

입만 열면 쏟아져 나오는 것이 말이라지만 말은 책임질 수 있는 말만 해야 하며, 일단 입 밖으로 뱉었으면 손해를 보더라도 반드시 지켜야 해.

딸아, 말은 내 몸으로 낳은 또 다른 자식임을 명심해라.

답하기 곤란한 말은 하지 마라

착한 사람들은 누군가 물으면 솔직하게 대답해야 한다는 강박감을 느끼지.

누군가 대답하기 곤란한 말을 물어오면 대답하지 마라. 아무리 친절한 성격이라고 해도 이런 종류의 말까지 일일이 대답할 필요는 없다.

사실대로 말하면 불이익을 감수해야 하고, 그렇다고 난처한 순간을 벗어나기 위해서 임시방편으로 아무 말이나 꾸며대면, 훗날 곤경에 처하는 원인이 되지.

인간에게는 대답하지 않을 권리가 있다. 진술거부권인 묵비권은 대한민국 헌법에서도 인정하고 있는 기본 권리야.

딸아, 침묵해야 할 때 침묵을 선택할 줄 아는 것도 삶의 지혜란다.

마음에 상처로 남을 말은
아예 하지 마라

화가 치민다고 아무 말이나 내뱉지 마라. 칼로 입은 상처는 시간이 지나면 치유되지만, 말로 입은 상처는 시간이 지나도 낫지 않는단다.

말은 한번 뱉고 나면 주워 담을 수 없다. 입 밖으로 내뱉기 전에 한 번 더 생각하렴. 아무리 화가 나더라도 상대방의 약점을 공격하거나 수치심을 느낄 말은 하지 마라.

사람들의 가슴에 상처를 주는 말을 뱉고 나면 쾌감을 느낄 수도 있다. 그것은 타인을 공격함으로써 쾌감을 느끼는 사디즘의 일종으로, 중독되면 벗어나기 어려워진다.

말로 죽어가는 사람을 살릴 수도 있고, 살아 있는 사람을 죽일 수도 있어. 결국 독한 말을 뱉고 나면 상대방뿐만 아니라 나도 병들게 되지.

딸아, 후회할 말은 아예 하지 마라. 쾌감은 짧고 후회는 길다.

듣기 싫은 말이라도
세 번 이상 들으면 적어놓아라

귀에 거슬리는 말이라도 세 번 이상 들었다면 너 자신에게 문제가 있을 가능성이 크니 수첩에 적어놓아라.

일단 수첩에 적어놓으면 그 말에 대해서 곰곰이 생각하게 되지. 어쩌면 지적받은 그것은 내가 의식하지 못하거나 중요하게 생각하지 않는 나쁜 버릇일 가능성이 커. 등잔 밑이 어둡다고, 자신의 나쁜 버릇을 본인만 모르는 수도 있거든.

'돈 아껴 써라', '거짓말하지 마라'처럼 어른들이 관습적으로 사용하는 말일지라도 '어른들은 원래 그래'라고 넘어가지 말고, 한번 곰곰이 생각해봐라. 돈을 헤프게 쓰는 건 아닌지, 거짓말을 남발하는 건 아닌지 스스로를 돌아봐라.

딸아, 타인의 지적을 기분 나빠하지 마라. 몸에 좋은 약이 입에 쓰듯, 인격적으로 성숙해질 좋은 기회란다.

너만의 금전철학을 가져라

천 냥을 쓰고도 욕먹는 사람이 있고, 한 냥을 쓰고도 존경받는 사람이 있다.

살아가면서 가장 자주 부딪히는 벗이 있다면 그것은 바로 '돈'이야. 그 벗이 너를 때론 울게 하고, 때론 웃게 할 거야.

먼저 '돈이란 무엇인가?'에 대해서 공부해라. 서점에 가면 돈과 관련한 책들을 어렵지 않게 찾아볼 수 있다.

책을 읽으며 돈과 한평생 어떤 관계를 유지하며 살아갈 것인지 고민해보아라. 아무 생각 없이 살다 보면 돈에 휘둘리게 돼. 돈에 쫓기며 살아도 불행하지만, 돈만 쫓아다니며 살아도 불행한 삶이다.

딸아, 돈과 좋은 동반의 관계를 유지할 수 있도록 너만의 금전철학을 가져라. 네가 돈을 존중해줄 때 돈도 너를 존중해준단다.

하루에 하나씩 좋은 생각을 해라

우리는 하루에 수만 가지 생각을 하지. 하루에 하나쯤은 의도적으로라도 좋은 생각을 해라.

어떤 종류의 생각이든 상관없다. 연락이 뜸한 친구에게 모처럼 연락해야겠다는 생각도 좋고, 점심 먹고 나서 음악을 들으며 공원을 산책해야겠다는 생각도 좋고, 꽃을 사서 회의실 탁자에 꽂아놔야겠다는 생각도 좋아.

뇌는 해야 할 일이 많아서 엄청 바빠. 너 스스로 좋은 생각을 하지 않는 한 그런 데까지 일일이 신경 쓰지 않지.

딸아, 하루에 한 알씩 비타민을 복용하듯 하루에 하나씩 좋은 생각을 해라. 빗방울이 모여서 강을 이루듯, 좋은 생각이 모여서 좋은 인생을 만든단다.

성공 경험을 소중히 여겨라

살다 보면 실패할 때도 있고 성공할 때도 있다. 그런데 대다수의 사람은 실패는 마음속에 오래 간직하는 반면 성공은 이내 잊어버리지.

물론 실패에도 배울 점이 있다. 그러나 우리가 살아가면서 경계해야 할 것 중 하나가 바로 패배의식이야. 패배의식에 사로잡히면 실패를 당연시해서 성공할 일도 실패로 끝맺게 되지.

딸아, 실패를 통해 성공하는 법을 배웠다면 실패는 잊어버려라. 그 대신 성공 경험을 소중히 여겨라.

성공에 이르는 길에는 일정한 루트가 있다. 성공에 이르기까지의 과정과 심리 상태를 수첩에 적어두고 기억해라. 뇌가 성공에 이르기 위한 모든 것을 자연스럽게 습득할 때까지 수없이 되새김질해라. 학습된 무기력이 실패를 낳고, 성공 경험이 성공을 낳는단다.

성공 횟수를 점차 늘려나가라

살면서 모든 분야에 걸쳐 성공할 수는 없다. 다른 분야는 신경 쓰지 말고, 나의 꿈과 관련된 분야에서 성공 횟수를 점차 늘려나가라.

예를 들어서 농구 선수가 꿈이라고 가정해보자. 새벽 훈련을 해야겠다고 마음먹었다면 계획했던 시간에 일어나는 것부터가 하나의 성공이야. 농구장까지 버스를 타지 않고 운동 삼아 뛰어가야겠다고 마음먹었는데 실천했다면 그 또한 성공이고, 하루에 백 번의 슛을 결심했는데 그렇게 실행했다면 그 역시 성공이지.

이런 식으로 점차 성공 횟수를 늘려나가다 보면 어떤 분야이든 간에 거기에서 인정받는 사람이 된단다.

딸아, 사소한 성공을 꾸준하게 쌓아나가라. 그 작은 성공들을 밟고 오르다 보면 너 자신조차도 믿기 힘든 성공을 거둘 거야.

결과 못지않게 과정도 중요하다

성적 만능주의 시대에 살다 보면 최선을 다하고도 좌절감과 허탈감에 빠질 수 있다. 상대평가에서는 1등은 한 명뿐이므로, 나머지는 그보다 못한 성적을 받을 수밖에 없거든.

개인의 능력은 제각각이지. 공부 머리가 탁월한 사람도 있고, 운동 감각이 뛰어난 사람도 있고, 예술 감각이 남다른 사람도 있어. 학교 공부 하나로 모든 것을 평가할 수는 없는 노릇이지.

그러니 다른 사람을 경쟁 상대로 삼지 말고, 너 자신을 경쟁 상대로 삼아라. 성적이 일시적으로 떨어졌더라도 과정에 충실했고, 어제보다 나은 삶을 살았다면 그것으로 충분하다.

딸아, 과정에 최선을 다했다면 등수에 너무 목매지 마라. 네가 재능을 지닌 분야나 혹은 좋아하는 분야에서 빛을 발하면 된다.

차이를 인정하고 받아들여라

세상에는 다양한 사람이 조화를 이루며 살아가지.

같은 지역 안에 살아도 빈부의 차이, 문화의 차이, 생각의 차이, 종교의 차이 등등이 있을 수 있어. 세상 사람들이 나와 비슷하다면 세상살이가 한결 편해지겠지. 긴장할 일도 없고, 서로 목청을 높이며 다툴 일도 없을 테니까. 하지만 그 대신에 대인관계를 통해 성장할 기회를 놓치게 돼.

차이는 존중하고 받아들여라. 나와 차이가 많이 날수록 생각할 것도 많아지고, 배울 점 또한 그만큼 많아진다.

딸아! 밖에서 누군가 외치는 소리를 들으려면 창문을 열어야 하듯, 다른 사람을 이해하려면 마음의 문을 열어야 한단다.

항상 끝마무리에 신경 써라

'대마 잡고 바둑에 진다.'

이는 바둑 격언이야. 승리감에 도취해 있다가 역전패당하는 경우를 일컫는 말이지.

시작한 일이 장기화되면 몸도 지치고 마음도 느슨해지게 마련이야. 열심히 일하고도 성과가 좋지 않거나 생색이 나지 않는 이유는 끝마무리가 부실하기 때문이란다.

시작이 절반이라면 끝도 절반이라는 마음가짐으로 마무리해라. 끝내기에서 뒤집히는 경우가 다반사거든. 끝이 나쁘게 되면 그 일을 하는 데 걸렸던 시간과 노력이 모두 물거품처럼 느껴진다.

딸아, 마무리에 특히 신경 써라. 울며 태어났을지라도 죽을 때 웃을 수 있는 자가 인생의 승리자란다.

Chapter 2
멋진 미래를 향해
나아가는 딸에게

청년들은 판단하는 것보다는
생각해내는 게 어울리고,
타협보다는 실행이 적합하며,
안정된 직업보다는 새로운 기획이
더 잘 어울린다.
_프랜시스 베이컨

새해 계획은
일주일 전부터 시작해라

사람들은 미리 계획을 세웠다가 새해가 되면 일제히 실천에 들어 간다.

너는 새해 계획을 일주일 전부터 실천해라. 물론 연말이라서 몸도 마음도 바쁘겠지. 그래도 어차피 해야 할 거라면 하루라도 빨리 시작하는 편이 낫다.

설령 작심삼일로 끝난다고 해도 다른 사람들보다 두 번의 기회가 더 주어지는 셈이니 훨씬 더 유리하지 않겠니? 거기다 다른 사람들보다 한발 앞서 있다는 생각에 자신감도 붙을 테니 일석이조야.

딸아, 계획을 뜻대로 이루려면 남다른 각오와 전략이 있어야 한다. 새해 계획은 한발 먼저 시작해라.

비교하지 말고
너의 삶을 살아라

건전한 경쟁 심리는 실력을 키우는 요인이 된다. 그러나 세상살이는 스포츠와 달라서 건전하게 경쟁하기란 사실 쉽지 않지.

뇌는 복잡해 보이지만 생각보다 순진한 측면도 있어서, SNS 등으로 보이는 모습이 전부라고 믿어버리거든.

우리는 열린 세상을 살아가고 있다. SNS에서 활발하게 활동하는 사람 중에는 허세로 가득 찬 '관종'도 적지 않지만, 실제로 부자 또한 많고 상당한 성취를 이룬 사람 역시 많아. 그들과의 경쟁 심리는 너 자신을 초라하게 만들고, 네가 가진 것들을 볼품없게 만들지.

인생이란 네가 살아가는 삶이야. 물론 동시대를 살아가는 사람들이니 전혀 신경 쓰지 않을 수는 없겠지만 그것은 그들의 삶일 뿐이야. 너는 주관을 갖고서 네 삶을 살아라.

딸아, 행복과 불행은 모두 네 안에 있단다. 하루를 살아가면서 어떤 감정을 꺼내느냐는 오로지 너의 선택에 달려 있어.

의미 있는 일을 하며 살아라

어차피 한 번 사는 삶, 의미 있는 일을 하며 살아라.

마더 테레사 수녀처럼 불우한 이웃을 위해서 헌신하며 사나, 평생 도둑질이나 하면서 감방을 들락거리며 사나 똑같이 한 번의 인생이다.

죽음이 다가올수록 삶은 덧없고 허무하게 느껴진다고 하지. 자신만 아는 이기적인 삶이나 아등바등하며 살아온 인생에서 무슨 의미를 찾을 수 있겠니? 노년에 해보지 못한 일을 후회하는 것도 의미 있는 일을 하지 못한 데서 오는 아쉬움의 발로겠지.

직업에서 찾을 수 없다면 취미생활을 통해서라도 의미 있는 일을 찾아보아라. 예전에 마을회관을 돌아다니며 영정사진을 찍어주는 약사를 만난 적이 있는데, 참 멋있어 보이더라.

딸아, 한 번 사는 인생인데 이왕이면 의미 있는 일을 하며 살아라.

확실한 동기 부여가
좋은 결과를 낳는다

　무슨 일이든 시작할 때는 무작정 하지 말고, 내가 그 일을 해야 하는 이유를 먼저 생각해봐라. 동기 부여가 제대로 되어야 과정도 힘들지 않고 좋은 결과를 낳을 수 있다.

　공부가 하기 싫거나 집중이 안 될 때는 대학에 가야 하는 이유를 곰곰이 생각해보고, 일이 손에 잡히지 않을 때는 회사에서 인정받아야 하는 이유를 차분히 생각해봐라.

　딸아, 동기 부여란 자동차 엔진 같은 거란다. 엔진을 가동해야 자동차가 달릴 수 있듯이, 동기 부여가 확실해야만 잡생각에 발목 잡히지 않고 집중할 수 있단다.

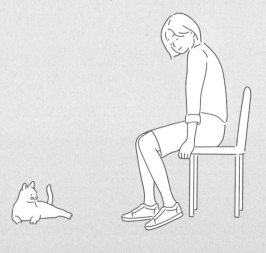

일, 그 자체를 사랑해라

일을 잘하려면 먼저 일머리가 트여야 한다. 일머리는 일을 사랑하지 않으면 트이지 않아. '일은 지겹다'는 관념부터 버려라. 일은 의식주를 해결해주는 신의 선물과도 같다. 일할 수 있음에 항상 감사하며, 일 그 자체를 사랑해라.

일을 사랑하면 복잡하게 느껴졌던 일 속에 감춰진 단순함을 발견할 수 있단다. 그 순간부터 일이 쉬워지고 재미있게 느껴지면서, 일머리가 트이지.

딸아, 일을 사랑하면 할수록 근무시간도 짧아진다는 사실을 명심하렴.

중간 이상은 하겠다는
마음가짐을 지녀라

무슨 일이든 일단 중간 이상은 하겠다는 마음가짐으로 시작해라. 동기 부여를 제대로 한 데다 특출한 재능이 있다면, 조금만 노력해도 상위 20퍼센트 안에는 들 수 있다.

그러나 모든 일에 동기 부여를 할 수도 없고, 모든 일에 특출한 재능을 지니고 있을 리 만무하지. 비록 그런 일들일지라도 중간 이상은 하겠다는 마음가짐을 지녀야 꼴등은 면하는 거야.

혹여 열심히 했는데 결과가 그 이하라면 자책하지 마라. 그 방면에는 재능이 없음을 인정하고, 다른 쪽에서 재능을 발휘하면 돼.

하지만 시작하기 전부터 체념한 상태로 마지못해 했다면 결과와 상관없이 부끄러워해라. 열정 없는 청년의 삶은 열정적인 노인의 삶보다 초라한 법이다.

어디로 가야 할지 모르겠다면
눈앞에 보이는 길로 가라

살다 보면 뭘 해야 할지 모르는 시기가 온다. 이상은 원대한데 현실이 초라하게 느껴져서 어떤 일도 눈에 차지 않을 때가 있지.

좋은 길은 대개 감춰져 있게 마련이란다. 지금 당장 가고 싶은 길이 눈에 보이지 않는다면 아까운 시간만 낭비하지 말고, 일단 눈앞에 보이는 길로 가라. 열심히 걷다 보면 네가 찾아 헤매던 길과 만날 가능성도 커진다.

설령 네가 원했던 길과 맞닿아 있지 않다 하더라도, 나중에 후회할 가능성은 그리 크지 않아. 뇌는 자신의 선택을 합리화하는 경향이 있기 때문이지.

딸아, 살아가면서 '우연의 힘'도 무시할 수 없단다. 좋은 길을 찾겠다는 의지를 갖고서 길을 가다 보면, 우연히 만난 길이 나에게 더없이 훌륭한 길이 되기도 한단다.

인생의 가장 큰 자산은 시간이다

청춘의 시기에는 시간이 안 가서 괴로울 때도 있다. 하지만 모래 사장의 모래알처럼 널려 있는 것이 시간이라 하더라도 시간을 헛되이 사용하지는 마라. 모래시계는 한정된 시간을 사용하면 다시 시작하지만, 인간은 한정된 시간을 사용하면 죽고 만다.

너에게 주어진 가장 큰 자산은 시간이니 시간을 소중히 여겨라. 순간의 즐거움을 위해서 몇 시간씩 인터넷 서핑을 하거나 스마트폰을 몇 시간씩 들여다보지 마라. 소파에 누워서 멍하니 TV를 보며 청춘을 낭비하지 마라.

딸아, 하루 계획표를 짜서 시간을 알차게 사용해라. 네가 시간을 아껴 쓸수록 휴식은 달콤하고, 인생은 아름답게 반짝인다.

공존의식을 지녀라

동시대를 살아가는 사람들은 물론이고 동물이나 식물, 곤충과도 공존의식을 지녀라. 인간은 특별한 존재지만 그렇다고 다른 생명체를 함부로 해쳐서는 안 된다.

타인의 삶을 존중하듯 동물이나 식물, 곤충의 삶도 존중해라. 마음속 깊이 존중해주다 보면 시각이 새로워져서, 그전에 미처 보지 못했던 것들을 볼 수 있다.

인간은 혼자 살아가는 것 같지만 보이지 않는 끈에 의해서 만물과 유기적으로 얽혀 있어. 공존의식을 갖고 세상 만물과 하나가 되어 살아라.

딸아, 세상이 충만하다고 느낄 때 삶도 충만해진다.

배우겠다는 자세로
몸과 마음을 낮춰라

배우려고 마음먹으면 지렁이에게도 배울 점이 있다고 하듯, 세상 모든 만물에는 배울 점이 있다.

학교에서 배우는 지식은 극히 일부분에 불과하지. 사회에 나왔으면 명문대를 나왔든 최우등 졸업을 했든 일단 잊어라. 살아온 날들에 대해서 긍지를 갖는 것은 좋지만 자만심을 갖지는 마라. 항상 배우겠다는 자세로 몸과 마음을 낮춰라.

그러면 윗사람으로부터 사랑받을 것이고, 동료로부터 신임을 얻을 것이며, 후배로부터 존경받을 것이다. 또한 나이를 먹을수록 점점 더 지혜로운 사람이 된다.

딸아, 배움에는 시간과 장소가 따로 없어. 배우겠다고 마음먹는 순간, 그곳은 진정한 의미의 교실이 된단다.

외국어를 손에서 놓지 마라

학교 다닐 때는 물론이고, 졸업 후에도 외국어를 꾸준히 공부해라.

기술의 발달로 우수한 기능의 통역기나 번역기가 꾸준히 출시되고 있다. 그렇다고 해서 외국어 공부를 안 해도 된다고 생각하면 착각이야. 완벽한 기능의 통역기나 번역기가 나올수록 외국어를 잘하는 사람은 빛을 발하게 되어 있어. 희소성 때문이기도 하고, 특별한 능력을 지니고 있다는 자부심 때문이기도 하지.

인간은 오랜 세월 눈을 보며, 성대의 울림을 거쳐 입으로 나온 말로 대화를 나눴어. 그래야 상대방의 생각이나 마음을 정확히 읽을 수 있고 공감할 수 있거든.

딸아, 외국어는 네 삶의 영역을 넓혀주고 자존감을 높여줄 거야. 다소 귀찮더라도 하루에 십 분이라도 외국어를 공부하는 습관을 길러라.

인맥은 한발 앞서서 구축해라

물론 인맥은 넓을수록 좋아. 다양한 계통에서 일하는 사람을 알아두면 살아가는 데 많은 도움이 되는 건 사실이야. 하지만 만남 자체를 좋아하는 성격이 아니라면 수많은 사람을 관리한다는 건 몹시 피곤한 일이지.

인맥관리도 효율적으로 할 필요가 있어. 가장 좋은 건 너의 꿈이나 성격을 감안해서 관리하는 거야.

일찍이 꿈을 정했다면 틈틈이 그쪽에 관심을 기울일 필요가 있어. 꾸준히 관심을 갖다 보면 관련 모임이나 세미나 같은 곳에 참석할 기회가 오고, 그쪽 계통에서 일하는 사람과 만나게 돼. 모처럼의 기회를 잘 살려서 인맥관리를 해놓으면, 훗날 그 세계로 진입하는 데 여러모로 도움 되지.

딸아, 만남의 인연을 소중히 여겨라. 삶의 변화는 만남에서부터 시작한단다.

진심을 담아서 인사해라

사람을 만나기 전에는 기대감이 있어야 하고, 사람을 만날 때는 반가움이 있어야 하고, 함께 있는 동안은 즐거움이 있어야 하고, 헤어질 때는 아쉬움이 남아야 한다.

교통이 발달하지 않았던 과거에는 만남 자체가 쉽지 않아서, 만나고 헤어질 때마다 마음이 듬뿍 담긴 인사말이 오갔어. 그러나 지금은 만남과 헤어짐이 일상이다 보니 인사말도 지극히 상투적으로 변했지.

인사말에는 상대방에 대한 자신의 마음이 담겨야 한다. 눈동자에는 기쁨이, 목소리에는 반가움이 묻어 있어야 그날의 만남이 즐거워져.

딸아, 좋은 사람을 만나면 기꺼이 마음을 담아서 인사하렴. 진심이 담겨 있으면 작은 몸짓 하나에도 우주가 감응하는 법이다.

나쁜 습관에 끌려다니지 마라

사람들은 한두 가지씩 오래된 나쁜 습관을 갖고 있지.

이를테면 '지각하는 습관', '불리해지면 거짓말부터 하고 보는 습관', '시작은 창대하지만 결말은 늘 용두사미가 되는 습관', '공중도덕을 안 지키는 습관', '충동적으로 소비하고서 후회하는 습관' 등등과 같은 것들 말이야.

나이를 먹으면서 스스로 안 좋은 것임을 깨닫고 고쳐야겠다고 생각하면서도 고치지 못한 습관이지. 아주 사소한 문제여서 마음만 먹으면 고칠 수 있다는 자신감에 방치해두기 십상인데 이런 나쁜 습관이 꼭 중요한 순간에 발목을 잡아.

딸아, 나쁜 습관은 한시라도 빨리 연결 고리를 끊어라. 거대한 댐이 무너지는 것도 작은 균열에서 비롯한단다.

경제 기사를
꾸준히 찾아 읽어라

인간은 경제적인 동물이다.

부를 축적하기 위해서는 경제 활동을 하는 방법과 투자 활동을 하는 방법이 있어. 한 가지보다는 두 가지를 병행하면 부를 축적하기가 한결 수월하지.

지식정보화 사회에서는 지식과 정보가 곧 돈으로 연결된다. 경기는 일정한 주기를 두고 상승과 하락을 반복해. 경기 순환 사이클, 세계 경제, 국가 경제가 돌아가는 큰 틀을 알 때 부를 축적할 기회를 잡을 수 있지. 또한 전문가가 경제에 대해 심도 있는 이야기를 할 때 경청할 수 있고, 유용한 지식과 정보를 얻을 수 있어.

세계는 시시각각 변화하고 있다. 설령 대학에서 경제학을 전공했다 하더라도 경제 기사를 읽지 않으면 이론만 알 뿐 실물 경제에 대해서는 이내 까막눈이 되지.

딸아, 경제 기사를 꾸준히 찾아 읽으렴. 경제를 알아야 부를 축적할 기회를 잡을 수 있단다.

작은 돈을 탐하지 마라

사람의 그릇은 돈에 대한 태도를 보면 알 수 있다.

사회생활을 하다 보면 공돈이 보여. 챙겨도 뒤탈 없는 돈 앞에서는 누구나 유혹을 느끼게 마련인데 절대로 탐하지 마라. 나중에 문제가 생길 수 있고, 설령 문제가 생기지 않더라도 세월이 지나면 반드시 후회해.

아빠는 네가 앞으로 큰일을 해낼 사람이라는 걸 믿는다. 몇 푼 안 되는 돈에 홀려서 스스로 좁고 깜깜한 지갑 속으로 기어 들어가지 마라.

딸아, 설령 가난하게 살지라도 마음을 어둡고 음침한 곳보다는 밝고 깨끗한 곳에 두어라.

지갑을 자주 열지 마라

경제 관념이 부족한 사람일수록 씀씀이가 헤프다. 빈번한 지출은 삼가라. 카드 명세서의 지출 항목은 오십 개가 넘지 않도록 해라.

재테크의 기본은 불필요한 지출을 막는 일이지. 사지 않아도 되는 물건 혹은 과시욕에서 비롯된 소비는 그 싹을 잘라라.

우스갯소리로 티끌은 모아도 티끌이라고 하지만 몇 푼 안 되는 돈이라고 해서 우습게 여기지 마라. 작은 돈도 아껴 써 버릇하고, 할인 혜택이나 쿠폰도 알뜰히 챙기고, 우대 금리나 비과세에도 관심을 가져라.

딸아! 지갑을 열기 전에는 꼭 필요한 소비인가, 한 번 더 생각해보렴.

칭찬을 생활화해라

인생이 사막이라면 칭찬은 오아시스 같은 거야.

사람들은 저마다 자기가 잘났다고 생각하는데 아무도 칭찬해주지 않아서 다들 칭찬에 목말라 있다. 친구나 동료는 물론이고, 스승이나 상사도 마찬가지야.

칭찬을 생활화해라. 단, 윗사람에게 칭찬할 때는 구체적으로 해야만 아부나 빈말로 들리지 않는다.

누구나 칭찬을 잘할 수 있을 것 같지만 막상 해보면 쉽지 않아. 제대로 칭찬하려면 관심과 애정이 있어야 하거든. 평소에 칭찬 수첩을 만들어서 주변 사람들을 관찰한 뒤 배우고 싶은 점이나 남들보다 뛰어난 점 등등을 기록해둬라. 기회가 있을 때 자연스럽게 칭찬해주면 상대방도 빛나지만 너도 빛난단다.

딸아, 하루에 최소 두 번은 칭찬을 해라. 한 번은 타인에게, 한 번은 오늘도 열심히 산 너 자신에게 하거라.

긍정 마인드를 지녀야
숨은 행복을 찾는다

문제점을 발견하는 건 부정 마인드를 지닌 사람들이야. 하지만 그 문제점을 해결하는 건 긍정 마인드를 지닌 사람들이지.

기업의 사장이나 일을 시키는 임원들은 긍정 마인드를 지닌 사람을 선호한단다. 아직 뚜껑을 열어보지 않았으니 결과가 어떻게 나올지 알 수 없지만, 일단은 좋은 결과가 나올 거라 믿고 싶은 것이 인간의 심리거든.

우리의 삶도 마찬가지야. 오늘 하루가 어떻게 펼쳐질지 누가 알겠니? 그렇다고 집을 나서면서부터 걱정하는 건 어리석은 일이야. 긍정 마인드로 모든 게 잘될 거라고 생각하면 실제로 일이 잘 풀리거든.

딸아, 행복은 일상의 작은 틈새 사이에 숨어 있단다. 바위틈에 핀 꽃을 찾아내듯 작은 행복들을 찾아내는 재미도 쏠쏠하니, 매일매일 행복을 찾으며 살아가렴.

일의 성패는 자신감이 8할이다

자신감은 '어떤 일이든 해낼 수 있다는 나에 대한 믿음'이다. 대개는 긍정 마인드와 성공 경험을 기반으로 하고 있지.

무슨 일이든 자신감을 가지면 일이 쉬워 보여. 막상 부딪치면 예상을 벗어날 수도 있지만, 자신감만 잃지 않으면 어떻게든 해내게 돼.

그러나 평소에 부정의 마인드를 지니고 있거나 성공 경험이 부족하면 자신감 자체를 갖기가 어려워. 자신감이 어느 날 갑자기 "난 할 수 있다!"라고 외친다 해서 생기는 건 아니거든.

잘하는 사람이 계속 잘하는 이유도 긍정의 마인드를 지닌 데다, 성공 경험이 있기 때문이야. 성공하는 방법을 알고 있다고나 할까?

딸아, 일의 성패는 자신감이 8할이란다. 평소에 긍정의 마인드로 무장하고, 성공 경험을 차근차근 쌓아서 자신감을 키워라.

반듯한 자세에서
자신감이 샘솟는다

자신감은 자세와도 깊은 연관이 있단다. 뇌에서 몸의 움직임을 명령하기도 하지만 몸의 움직임에 의해서 뇌가 명령을 받아들이기도 하거든.

예를 들어 습관처럼 팔짱을 끼면 뇌는 방관자 자세를 유지해. 구부정한 자세로 몸을 웅크리고 있으면 뇌는 왠지 모르게 불안해하지.

뇌는 실제로 가짜를 정확히 구분하지 못해. 그래서 어려운 상황에서 큰 소리로 웃고, 두 주먹을 불끈 쥐거나, 두 팔을 허리에 올리고 목표를 노려보면 해낼 수 있다는 자신감이 샘솟지.

평소에 반듯한 자세를 유지하도록 해라. 걸을 때는 정면을 주시하며 똑바로 걸어가고, 의자에 앉을 때는 허리를 반듯하게 펴고 앉아라.

딸아! 반듯한 자세로 살아가면 자신감이 생기고, 너를 보는 주변 사람들에게는 안정감을 준단다.

집중할 환경을 조성해라

성공의 비결은 집중력에 달려 있다.

맹수의 왕인 사자도 사냥할 때는 혼신으로 집중하지. 그럼에도 사냥 성공률은 20퍼센트에 불과해.

집중력이 예전 같지 않다면 환경을 돌아보렴. 요즘 많은 사람이 컴퓨터나 스마트폰 때문에 집중력이 떨어졌다고 하소연한다. 스마트폰을 습관적으로 들여다보지 말고, 꼭 필요할 때만 사용해라. 잠깐의 휴식 시간에 인터넷 게임을 하지 마라. 게임은 머릿속에 잔상이 남아서 공부나 업무에 집중하기까지 긴 시간을 잡아먹는다.

딸아, 일과 업무를 분리해라. 일할 때는 일하고, 놀 때는 놀아야 인생이 즐겁다.

사주는
돈 주고 보지 말고 재미로 봐라

사주는 돈 주고 보지 마라. 정 보고 싶다면 재미 삼아 인터넷으로 보아라. 돈 주고 보면 본전 생각이 나서 사주를 믿게 된다.

만약 사주팔자가 몹시 나쁘다거나, 운이 무척 좋지 않다는 점쟁이를 만나면 경계해라. 그는 불순한 목적을 지니고 있을 가능성이 크다.

또한 점집에 가서 궁합을 보지 마라. 사람들이 궁합을 보는 이유는 두 가지다. 헤어지고 싶어 결정적인 핑계를 찾기 위해서이거나, 결혼하고 싶어 스스로 확신을 갖기 위해서다.

운명을 점쟁이에게 맡기지 마라. 인간에게는 자유의지가 있다. 점을 맹신할수록 자유의지는 약해지고, 충분히 해낼 일조차도 점쟁이의 확신이나 격려 없이는 해낼 수 없게 된다.

딸아, 불확실한 미래를 개척해가는 것이 인생의 묘미다. 그 즐거움을 절대로 다른 사람에게 넘겨주지 말고, 너 스스로 개척해 나아가거라.

위기를 모면하기 위한 거짓말은
하지 마라

인간은 누구나 이런저런 이유로 사소한 거짓말을 하며 살아간다. 사회적인 지위나 체면 때문에 거짓말할 때도 있고, 주변 사람을 보호하기 위해서 거짓말할 때도 있고, 상사에게 잘 보이기 위해서 거짓말할 때도 있지.

다른 거짓말은 이해하는데, 위기를 순간적으로 모면하기 위한 거짓말만큼은 하지 마라. 그런 거짓말을 해야 할 상황에 놓였다는 건 잘못을 저질러서 상황 자체가 불리하게 돌아가고 있다는 방증이야. 진실을 말할 경우 혼날 수밖에 없는 상황이라서 거짓말을 하려는 거겠지.

거짓말을 하고 싶은 강렬한 유혹을 느끼겠지만 굴복하지 마라. 그 순간은 힘들어도 모든 걸 털어놓으면 상황 자체가 종료된다. 그러나 거짓말을 하면 여전히 문제의 소지가 남지. 설령 거짓말로 위기 상황에서 완전히 벗어난다고 할지라도, 언젠가는 거짓말 때문에 크게 봉변을 당한다.

딸아, 처음 사는 인생인데 실수 없이 척척 해내는 것이 이상한 거란다. 잠깐 혼나고 나면 오랫동안 마음의 평화를 누릴 수 있다.

정직은 순환하며
너의 잠재력을 키운다

부정직도 정직도 순환 고리를 갖고 있다.

'바늘도둑이 소도둑 된다'라는 속담은 부정직의 순환 고리를, '정직이 최상의 방책이다'라는 속담은 정직의 순환 고리를 한마디로 함축하고 있지.

정직을 생활화하면 마음이 가벼워지고 대인관계도 좋아진다. 좀 더 결정하기 힘든 상황에 놓이더라도 선뜻 정직을 선택할 수 있지. 그러다 보면 나 자신에 대한 자부심을 느끼고, 나의 능력을 점차 확신할 수 있단다.

물론 정직을 선택하다 보면 손해 볼 때도 있다. 하지만 그것이 최선임을 믿어야 해. 세월이 흐르면 흐를수록 너의 잠재력은 점점 더 커지면서, 지나온 삶이 자랑스러워질 거야.

딸아, 부정직한 사람의 발걸음은 구덩이에 고인 물과 같아서 시간이 흐를수록 썩게 마련이란다. 반면 정직한 사람의 발걸음은 흐르는 강물처럼 거침없이 흘러간단다.

선택의 갈림길에서는
네 인생을 생각해라

중요한 선택의 갈림길에서는 네 인생을 먼저 생각해라.

네 꿈과 이어져 있는지, 전혀 다른 방향인지를 확인해라. 다수가 원하는 전공이고, 다수가 꿈꾸는 직장이고, 다수가 좋아하는 신랑 후보라 하더라도 네 인생과 거리감이 있다면 선택하지 마라.

처음에는 기쁠지라도 보람을 느낄 수 없기에 기쁨은 이내 사라진다. 뒤늦게 잘못된 선택이었음을 깨닫고 되돌아간 사람도 상당수고, 되돌아가기에는 너무 늦어버려서 평생을 후회하며 살아가는 사람도 상당수다.

중요한 선택의 갈림길에 서면 어느 쪽 길이 더 아름다운지를 보지 말고, 어느 쪽 길로 가야 네 인생과 맞닿을지를 생각해라.

딸아, 항상 마음의 소리에 귀 기울이고 마음이 이끄는 대로 가렴.

경험을 많이 할수록
좋은 사람이 된다

청춘일 때 다양한 경험을 해봐라.

경험에는 간접 경험과 직접 경험이 있다. 책, 영화, 인터넷, TV, VR(Virtual Reality) 등등을 통한 것들은 간접 경험이야. 간접 경험을 통해서도 다양한 지식을 쌓을 수 있지.

지식으로 알고 있던 것과 실제 경험은 많이 차이가 있단다. 다양한 장소에서 다양한 삶을 살아가는 사람들과 대화도 나눠보고, 앞으로 인생을 어떻게 살아야 할지 틈틈이 생각해봐라.

젊었을 때 경험이 부족한 사람은 나이를 먹으면 우물 안 개구리처럼 자기가 아는 게 세상의 전부라고 믿는 경향이 있다. 반면 젊어서 다양한 경험을 한 사람은 배우려는 마음도 강하고, 훨씬 더 개방적이지.

딸아, 세상은 아는 만큼 보인단다.

안전한 성공은 없다

불안정한 사회일수록 '손실 기피(loss aversion)'가 만연하게 마련이다. 경제학에서 말하는 손실 기피란 '손실에서 오는 불쾌감이 같은 크기의 이득에서 오는 만족감보다 훨씬 크게 나타나는 현상'을 의미하지.

여성이 사회에서 인정받기 위해서는 손실이나 실패에 대한 두려움을 극복해야 한다. 도전에 위험이 따른다고 해서 거부하면 성공의 길은 요원해. 세상에서 인정받고 존중받는 사람은 후방에서 안전하게 물자를 공급하는 사람이 아니라, 최전선에서 부하들을 통솔해서 싸우는 장수야.

딸아! 도전해야 할 순간이 오면, 손실이나 실패를 두려워하지 마라. 젊어서 안전을 추구하면 할수록 점점 더 서야 할 자리가 좁아진다.

결단을 내리기 전에 충분히 생각해라

결단을 내릴 때는 신중해야 한다. 얼핏 괜찮아 보여서 시작하다 보면, 뒤늦게 미처 발견하지 못했던 것들로 말미암아 장벽에 부딪히고, 나아갈 수도 물러설 수도 없는 진퇴양난에 빠지게 되지.

무슨 일을 시작하기 전에는 다방면으로 분석해보아라. 성공으로 얻는 이익과 실패로 말미암은 불이익, 예상되는 장애물, 대처 상황, 일을 성공적으로 마치는 데 소요되는 시간과 비용 등등을 합산해본 뒤 결단해라.

딸아, 분석을 했는데도 도전해야 할지 포기해야 할지 잘 모르겠다면 도전을 택해라. 도전하지 않으면 성공 확률은 제로지만 일단 도전하면 성공 확률이 50퍼센트다. 거기다 경험이라는 귀한 자산을 얻을 수 있지.

지금 시작할 수 있는 일은
지금 시작해라

결단을 내렸으면 망설이지 말고 곧바로 시작해라.

뇌는 새로운 일을 벌이는 걸 싫어한단다. 자신이 해야 할 일이 늘어나기 때문이지. 주춤거리다 보면 마음이 바뀔 확률이 높아진다.

그러나 일단 시작하면 뇌는 자신의 행동을 합리화시켜서, 시작하기를 잘했다고 생각하거든. 이왕 시작한 일이니 제대로 해내기 위해서 여러 준비를 하지. 중간에 장애물을 만나면 계속해야 할지 그만둬야 할지 갈등하겠지만, 너 스스로 포기하지 않으면 끝까지 추진해 나아갈 수 있다.

딸아, 오늘 시작할 수 있는 일을 내일로 미루지 마라. 내일은 또 내일 해야 할 일이 생기게 마련이란다.

일을 벌였으면
세 번에 한 번은 끝까지 해라

새로운 일을 자주 벌인다는 것은 신중하지 못하다는 의미도 되고, 도전 정신이 충만하다는 의미도 된다. 중간에 일을 자주 그만둔다는 것은 현실적인 판단이 빠르다는 의미도 되지만, 끈기가 부족하다는 의미도 된다.

괜찮아 보여서 일을 시작했는데 아니다 싶으면 곧바로 그만두는 것도 나쁘지 않아. 그러나 그렇게 수시로 포기하면 일을 계속해내는 힘도 떨어지고 성취욕도 떨어진다.

이왕 시작한 일이라면 세 번에 한 번쯤은 끝까지 해낼 필요가 있어. 설령 성과는 미미하더라도 그 과정에서 배우는 것도 적지 않고, 무엇보다 성취감을 느낄 수 있지.

딸아, 세 번에 한 번쯤은 내 손으로 뭔가를 이루어냈다는 기쁨을 맛보아라. 그 작은 기쁨이 언젠가는 큰 기쁨을 불러올 거야.

위기에 대비해서 침착성을 길러라

살다 보면 인생을 힘겹게 하는 위기 상황과 마주하게 마련이다. 이 대치가 금방 끝나면 다행이지만 생각보다 길어질 수도 있어. 침착한 사람은 이 시기를 슬기롭게 넘기는 반면, 그렇지 못한 사람은 극심한 스트레스 때문에 건강을 잃기도 하지.

위기 상황에 대비해서 침착성을 되찾을 수 있는 루틴을 만들어라. 평소에 복식호흡이나 명상, 운동 등을 꾸준히 해라. 위기 상황에서 스트레스 해소는 물론이고 자신감 회복에도 도움이 된다.

딸아, 힘든 상황일수록 소중한 사람들을 떠올려라. 그들이 때로는 네가 힘을 내서 살아가야 할 이유가 되기도 한단다.

대인관계 스트레스가 심하면
경계선을 정해라

사회생활이 힘든 이유 중 하나는 대인관계로 말미암은 스트레스 때문이다. 특히 가까운 사람이 우리를 힘들게 하는 거야. 생판 모르는 타인이라면 개 닭 보듯이 넘어가면 되는데, 가까운 사람에게는 감정적으로 일일이 대응해야만 하지.

상사나 동료 때문에 극심한 스트레스를 받을 때는 마음속으로 경계선을 정해라. '사적인 부분'과 '공적인 부분'을 분리해서 감정 개입을 최소화하는 거야.

그와 동시에 대범하게 생각할 필요가 있어. 잃는 게 없다면 두려울 것도 없는 법이거든. 경계선을 정하고, '될 대로 되라'는 식으로 긴장을 풀어버리면 한결 편해지지.

딸아, 스트레스가 스트레스를 부르니 감정적인 방어막을 치고, 업무 관련 이야기가 아니면 한 귀로 듣고 한 귀로 흘려버려라. 맞대응을 하면 할수록 열만 받는 법이란다.

울적하거나 생각할 일이 많을 때는 걸어라

울적해서 기분 전환을 하고 싶거나 깊이 생각하고 싶을 때는 걸어라. 가만히 앉아 있는 것보다는 몸을 움직이는 편이 효과적이다.

뇌는 단단한 두개골 속에 있어서 자극을 주기가 쉽지 않아. 걷다 보면 바뀌는 풍경으로 말미암아 기분이 전환되고, 발바닥 자극과 함께 뇌에 새로운 산소를 공급함으로써 생각을 정리하는 뇌의 활동을 돕게 되지.

딸아, 대부분의 경우 뇌는 답을 알고 있단다. 생각을 정리할 환경을 제공하면 뇌는 자동항법장치처럼 스스로 움직여서 기분을 바꿔주고, 현재의 상태에서 선택 가능한 최선의 방법을 찾아내지.

딸아, 현대인은 운동이 부족하니 걷기를 생활화해라. 걷기를 좋아하는 사람은 근심이 없는 법이란다.

혼자 있는 시간을 가치 있게 사용해라

사회 구조 변화로 1인가구도 늘고, 혼자 있는 시간도 점차 늘고 있지.

혼자 있을 때는 사회규범에서 벗어나 홀가분하게 지내는 것까지는 좋아. 하지만 마음의 중심을 잃고서 헛된 곳에다 아까운 시간을 사용하지는 마라.

외로움에 갇혀서 어쩔 줄 몰라 하거나 온종일 SNS나 인터넷 게임을 하며 무의미하게 시간을 흘려보내지 마라.

집에서 편하게 휴식을 취하며 재충전하거나, 평소 시간이 없어서 못 했던 문화생활을 하거나, 공부를 해라.

딸아, 괴테는 영감은 오직 고독을 통해서만 얻을 수 있다고 했다. 혼자 있는 시간을 어떻게 사용하느냐에 따라서 인생의 후반부가 달라진단다.

아무리 바빠도
한 달에 책 한 권은 읽어라

독서는 분석력, 어휘력, 집중력, 기억력, 공감 능력 등을 키워준다. 또한 스트레스를 줄여주고, 간접 경험을 통해 지적인 유희를 느끼게 해주지.

그럼에도 현대인들이 책을 멀리하게 된 이유 중 하나는 독서 효과가 금방 나타나지 않기 때문이야.

아무리 바빠도 한 달에 책 한 권은 읽어라. 독서를 꾸준히 하면 삶에 대한 자신감도 생기고, 물음표로 가득한 인생에 대한 이해력도 높아진다.

요즘에는 쉽게 접할 수 있는 정보 때문에 어설픈 지식을 지닌 사람들이 늘어서 문제야. '아는 것이 힘'이라지만 이런 지식은 혼란만 가중시킬 뿐이지. 가짜 뉴스가 계속 늘어나는 이유도 대중의 지식이 얕아서, 무수히 쏟아지는 정보 중에서 진짜와 가짜를 구별해내지 못하기 때문이란다.

딸아, 독서를 꾸준히 해서 사고력을 길러라. 사고력이 강해지면 세상의 다양한 면을 볼 수 있단다.

비난을 삼가라

비난은 하지 마라. 낮말은 새가 듣고 밤말은 쥐가 듣는다고, 언젠 가는 그 사람의 귀에 들어가게 되어 있다.

물론 네가 비난하려는 데는 이유가 있겠지. 그 사람이 나보다 잘 나가 깎아내리기 위해서, 가만히 있다가는 오히려 공격당할 것만 같아서, 회사생활로 쌓인 스트레스를 풀기 위해서, 평소 그 사람이 나에 대해서 안 좋게 말해서, 내 가치관으로는 도저히 받아들일 수 없어서 등등의 이유로 입이 간질거릴 거야.

하지만 비난은 흙탕물 싸움 같은 거여서 상대방은 물론이고 너도 흙탕물을 뒤집어쓰게 되어 있다. 그뿐 아니라 듣는 사람마저도 흙 탕물을 뒤집어쓴 듯한 불쾌감을 느끼지.

딸아, 미운 사람에게 떡 하나 더 주라는 속담처럼 비난하고 싶은 마음이 들 때면 차라리 칭찬을 해라. 그것이야말로 네가 그 사람보다 더 나은 사 람이라는 확실한 증거란다.

비난받을까 봐 두려워하지 마라

생각이 많아지면 말수는 줄어들고 행동이 굼떠진다.

요즘은 대다수가 말하거나 행동하기 전에 자기 검열을 하더라. 회의 시간에 반대 의견을 내놓았다가 비난받을까 봐 침묵하고, 부당한 대우를 받아도 반발했다가 겪을 역공이 두려워 참고 말지.

비난받을까 봐 두려워할 필요는 없어. 상대방을 배려해 더 좋은 아이디어가 있는데도 침묵하고 있으면 아무 생각 없이 산다고 비난받을 것이고, 부당한 대우를 받고도 참으면 바보라고 비난받을 거야. 이래도 비난받고 저래도 비난받는다면 차라리 하고 싶은 말이나 행동을 하면서 사는 것이 속 편하지 않겠니?

소극적인 사회 활동은 인간을 무력하게 만드는 반면, 적극적인 사회 활동은 인간을 행복하게 한단다.

딸아, 비난받을까 봐 두려워하지 마라. 비난은 네가 좀 더 단단해질 좋은 기회란다.

일찍 잠자리에 들어라

일찍 잠자리에 들고, 일찍 일어나서 하루를 시작해라. 인류는 오랜 세월 동안 해가 지면 잠자리에 들었다가 해가 뜰 무렵에 잠에서 깨어났다. 일찍 자면 양질의 잠을 잘 수 있고, 깊은 잠을 자는 동안에는 성장 호르몬이 분비되어서 발육도 좋아져. 또한 아침에 일어나면 좋은 컨디션으로 하루를 시작할 수 있지.

잠과 기상은 들숨과 날숨 같은 거야. 숨을 깊이 내쉬면 숨을 많이 들이마시듯 일찍 자야 일찍 일어날 수 있지.

밤늦은 시간에 멍한 머리로 두 시간 동안 공부하는 것보다 새벽에 맑은 머리로 두 시간 공부하는 게 훨씬 더 효과적이야. 또한 새벽에 일어나서 하루를 시작하면 남들보다 하루를 알차게 사는 기분이 들어서 뿌듯하지.

딸아, 일찍 일어나서 남들보다 먼저 하루를 시작해라. 영감은 머리가 맑을 때 떠오른단다.

잠들기 전에
꿈을 이룬 모습을 상상해라

우리는 하루에 24시간, 1440분을 살아간다. 시간은 일정하지만, 개인의 삶에서 보면 길이도 다르고 의미도 달라. 그중에서도 무척 중요한 시간이 있는데 잠들기 전의 10분과 아침에 눈떴을 때의 10분이야.

잠들기 전의 10분은 그 이상의 의미가 있어. 왜냐하면 그 10분은 지나면 사라지는 것이 아니고, 잠자는 동안에도 뇌의 활동에 개입하기 때문이지.

잠자리에 누워서 꿈을 이룬 모습을 구체적으로 상상해보렴. 잠자는 동안 뇌는 너의 꿈을 이루고자 필요한 것들을 준비해둔다. 불필요한 걱정이나 기억은 지워버리고, 아침에 눈떴을 때 해야 할 일들은 순서대로 정리해두지.

아침에 눈떴을 때의 10분이 중요한 이유는 어떤 하루를 살 건지 마음의 준비를 하면 하루를 그대로 살아갈 수 있기 때문이야.

딸아, 매일 밤 잠들기 전에 꿈을 이룬 모습을 상상해라. 꿈은 간절한 사람이 이루는 거란다.

메모하는 습관을 길러라

메모를 하면 생각 정리 능력, 논리력, 통찰력, 창의력이 발달한다. 또한 단기기억장치의 저장 공간을 늘려줘서 기억력 향상에도 도움되고, 핵심만 요약해 메모하다 보면 글쓰기 능력도 향상돼.

펜과 수첩을 갖고 다니다가 생각나면 그 자리에서 곧바로 메모해라. 필기구가 없으면 스마트폰에다 임시로 메모했다가 옮겨 적는 것도 한 방법이다. 상사가 지시한 업무 내용도 적고, 우연히 만난 친구와의 약속도 적고, 집안 행사 같은 것도 메모해라.

메모는 기억하기 위한 수단으로도 쓰이지만 네 말을 효과적으로 전달하기 위한 수단으로도 쓰인단다. 전화로 누군가를 논리적으로 설득해야 할 때는 해야 할 말을 간략하게 메모한 뒤 통화하면 후회 없는 대화를 할 수 있지.

딸아, 메모를 습관화하되 일주일에 한 번은 메모한 내용을 정리해라. 바쁘게 살다 보면 간혹 중요한 것을 놓칠 때도 있단다.

인생의 롤모델을 정해라

꿈을 이루고 싶다면 롤모델을 정해라. 그는 때로는 스승이 되기도 하고, 때로는 경쟁 상대가 되어줄 거야.

그가 쓴 글을 찾아 읽고, 그가 한 말을 수첩에 메모해둬라. 살아가다 벽에 부딪히거나 힘든 일이 있을 때면 '그라면 이 상황을 어떻게 타개해나갈까?' 하고 생각해라. 그라면 지금의 나에게 어떤 충고나 격려의 말을 해줄까를 상상해라. 생각만으로도 꽤 힘이 된단다.

기회가 된다면 직접 만나봐라. 아마 그를 자주 볼 수 있다면 같은 세계에 몸담고 있을 테고, 그와 점점 닮아가는 중이겠지.

그가 이미 세상을 떠났더라도 괜찮아. 정말로 좋아하게 되면 그가 나와 같은 세상에 존재했다는 사실만으로도 힘이 되거든.

딸아, 훗날 누군가가 네게 성공 비결을 물으면 이렇게 답해라. 그가 있어서 오늘의 내가 이 자리에 설 수 있었노라고.

윗사람과 대화할 때는
결론부터 말해라

사람들은 경청하기보다는 말하기를 좋아하지. 높은 자리에 있을 수록 더 그래. 경험도 풍부하고 연륜도 있기 때문에 아랫사람을 만나면 좋은 말을 많이 해줘야 한다는, 일종의 의무감 비슷한 것을 갖고 있지.

친구와 말할 때는 '서론 → 본론 → 결론'의 방식으로 대화를 풀어 나가도 되지만 윗사람과 말할 때는 결론부터 간결하게 말해라. 윗사람이 관심을 갖고서 좀 더 물어보면 그때 가서 본론을 말하면 돼.

서론부터 말하자면 윗사람이 중간에 네 말을 자를 것이고, 그럼 너는 본론이나 결론은 말해보지도 못한 채 그분의 말만 계속 듣게 될 거야. 결국 하고 싶은 말은 해보지도 못하고 돌아서야 할 테니 찜찜한 기분이 들겠지.

딸아, 너의 의사를 정확히 전달하는 것도 능력이란다. 재빨리 결론을 말하고 나서 윗사람의 말씀을 진지하게 경청해라.

가끔은 고개를 들고
가야 할 곳을 봐라

숲에 들어가면 전체 모습이 보이지 않듯이, 열심히 살아가다 보면 삶의 목적을 잊어버리기도 하지.

가끔은 일상에서 벗어나 고개를 들고 가야 할 곳을 봐라. 목표를 생각하고, 네가 지금 어디쯤 서 있는지, 위치를 확인해라.

목표를 시야에서 놓치지 않아야 용기를 내서 계속 걸어갈 수 있단다. 정신없이 바쁠 때는 목표를 적어서 책상 앞이나 천장에다 붙여놓는 것도 한 방법이야. 목표도 사람과 비슷해서, 눈에서 사라지면 뇌에서도 사라지는 법이거든.

딸아, 노련한 사냥꾼은 목표물에서 한시도 눈을 떼지 않는단다. 꿈을 이루고 싶다면 목표를 시야에서 놓치지 마라.

솔깃한 제안을 받으면
반대편에서 생각해봐라

화려한 색깔의 버섯이나 동식물 중에는 독을 품고 있는 것이 많다. 색깔에 현혹되어서 무심코 다가갔다가는 '세상에는 공짜가 없다'는 사실을 깨닫게 되지.

귀가 솔깃한 제안일수록 단점도 많은 법이야. 상대방으로부터 장점을 들었다면 단점에 대해서 생각해보고, 그 점에 대해서는 어떻게 생각하는지 의견을 물어봐라.

사회에서 한창 잘나갈수록 솔깃한 제안을 하는 사람도 늘어간다. 그래서 유명인들 중 사업에 실패한 이도 많고, 빚을 진 사람도 많은 거야. 장점에 홀리는 바람에 미처 단점을 못 본 거지.

딸아, 솔깃한 제안일수록 의심하는 습관을 들여라. 세상에 공짜는 부모의 사랑뿐이란다.

할 수 있다고 생각해야 할 수 있다

물론 할 수 있다고 생각한다고 다 할 수 있는 건 아니란다. 하지만 할 수 있다는 생각마저도 없다면 절대로 해낼 수 없는 일이 대부분이지.

세상은 불확실한 것투성이야. 미래는 알 수 없고, 지금 하고 있는 일도 앞으로 어떻게 될지 모르지.

그렇다고 마냥 불안에 떨고 있으면 한 걸음도 앞으로 나아가지 못한다. 힘이 들수록, 상황이 어려울수록 할 수 있다는 의지를 가져야 해. 그래야 두려움 없이 전진할 수 있고, 경험을 축적할 수 있고, 성장해갈 수 있는 거야.

딸아, 무슨 일이든 시작했으면 할 수 있다는 마음가짐으로 추진해 나아가렴. 그 마음가짐을 중간에 놓지만 않는다면 반드시 해낼 수 있을 거야.

시작은 기대치를 높이고,
결과는 기대치를 낮춰라

시작할 때는 꿈을 크게 가져라. 기대치가 높아야 잠재력을 최대한 끌어낼 수 있다.

일이 진행 중일 때는 목표를 현실에 맞게 조정해라. 현실과의 갭이 너무 클 경우 포기하게 되고, 현실보다 목표가 낮을 경우 태만하게 된다. 최선을 다하면 목표를 이룰 수 있을 만큼 재조정해야 열심히 하게 돼.

모든 일이 네 손을 떠나서 결과만 남았을 때는 기대치를 낮춰라. 그래야 실패했다는 생각이 들지 않고, 성공으로 마무리할 수 있다.

결과는 겸허히 받아들이고, 진행 과정에서 부족했던 점이나 개선할 점, 잘했던 점, 도움을 주었던 사람들은 수첩에 적어두어라.

딸아, 일을 성공적으로 완수하려면 상황 변화에 따른 적절한 전략이 필요해. 좋은 전략은 너의 능력을 최대한 발휘하게 한다.

질투심으로 눈을 멀게 하지 마라

나하고 상관없는 사람이 잘되면 부러워하고 말지만 나하고 가까운 사람이 잘되면 질투심이 일지. 친구나 친척 중 전문가가 되거나 좋은 직장에 들어가거나 훌륭한 배우자를 만나면, 나의 삶을 돌아보면서 때론 질투심을 느끼기도 해.

경쟁 심리가 발동해서 분발해야겠다고 다짐하는 것은 좋아. 하지만 질투심으로 눈을 멀게 하진 마라. 행여 그들의 지난 삶이나 행실을 놓고 비방하지 마라. 이번 기회에 너도 뭔가 해보겠다고 무리하게 일을 벌이지는 마라. 판단력이 흐려져 있어서 실패할 가능성이 크다.

딸아, 인생은 무수히 많은 크고 작은 언덕을 넘어야 하는 장거리 경주란다. 즐거운 마음을 잃지 말고 너만의 속도로 꾸준히 나아가거라.

직장을 고를 때는
성장 가능한 환경 여부부터 살펴라

취업 자체가 낙타가 바늘구멍에 들어가기만큼 어려운 시절이다 보니 배부른 주문이라고 타박하는 건 아닌지 모르겠구나.

회사가 명성 있다는 것은 흑자 회사이고, 연봉은 물론이고 복지 제도도 잘되어 있고, 여러 시스템이 제대로 갖춰져 있어서 일하기에 한결 편리하다는 장점이 있지.

그러나 다른 시각에서 보면 시스템이 체계화되어 있다는 것은 네가 맡는 업무 또한 시스템의 일부에 불과해서, 개인적으로 습득 가능한 일은 한계가 있다는 거야. 일하기에는 좋은 환경이지만 개인적으로 성장할 수 있는 환경은 아닌 거지.

물론, 명성 있는 회사를 선택해도 괜찮아. 하지만 명성 있는 회사에 못 들어갔다고 해서 낙담하거나 자신을 비하하지는 마라. 젊었을 때는 성장해가는 기업이나 새로운 분야에 뛰어든 기업에서 일하는 것도 괜찮아. 개인적으로 성장할 기회가 훨씬 더 많이 주어지거든.

딸아! 졸업했다고 안주하려 하지 말고, 나무처럼 꾸준히 성장해 나아가거라.

붙잡힐 여지를 만들지 마라

사람의 마음은 수시로 변한다. 사이가 좋을 때는 먹던 복숭아를 줘도 소중한 것을 나눠준다며 기뻐하지만, 사이가 멀어지면 새 복숭아도 아닌 먹던 복숭아를 줬다고 원망하는 것이 인간의 마음이야.

인간관계도 계속 유지되지 않아. 친구가 원수가 되고, 원수가 친구가 되기도 하지.

한창 사이가 좋을 때는 모든 걸 다 주고 싶고, 모든 걸 공유하고 싶은 충동을 느낄 거야. 그러나 아무리 사이가 좋아도 너의 약점을 털어놓거나, 우정을 간직하겠다고 몸에 타투를 새기거나, 둘만의 비밀을 간직하자고 훗날 폭탄이 될 수도 있는 약점을 만들지 마라.

딸아! 그 무엇에도 붙잡히지 말고, 붙잡힐 만한 여지조차 만들지 마라. 친한 사이일수록 자신만의 것을 굳건히 지키고 있어야 그 관계가 오래간단다.

해보지 않고 제풀에 포기하지 마라

'내가 설마 그런 일을 할 수 있겠어?'라는 생각이 들더라도 포기하지 마라. 처음에는 불가능해 보이는 일도, 막상 이루어지고 나면 하나도 이상하지 않은 것이 우리가 사는 세상이다.

하고 싶은 일이 있다면 일단 도전해라. '객관적인 시각으로 보더라도'라는 이유나 '다들 쟁쟁한데 설마 내가'라는 이유로 제풀에 포기하지 마라.

세상은 항상 새로운 얼굴을 원한다. 좀 어설플지라도 가능성을 중시하지. 도전했는데 잘 안되면 기대하지 않았던 일이니 실망도 작을 것이고, 잘된다면 무척 기쁘지 않겠니? 작은 실망이 두려워서 큰 기쁨을 포기하지는 마라.

딸아, 부딪치기도 전에 이런저런 이유로 포기하지 마라. 세상의 값진 것들은 결국 저지르는 자의 몫이란다.

걱정될수록 리허설에 집중해라

프로들은 수많은 리허설을 거친단다.

무슨 일을 앞두고 걱정이 되면 마음을 가다듬고 그 시간에 리허설에 집중해라. 면접이든, 프레젠테이션이든, 중요한 협상이든, 장기자랑이든 간에 좋은 결과를 얻고 싶다면 리허설을 충분히 해라.

리허설을 하다 보면 개선해야 할 점을 깨닫고, 그 과정에서 자신감과 함께 마음의 안정을 얻는다. 충분히 리허설을 하고 나면 설령 본 무대에서 초반에 실수를 저지르더라도 이내 평상심을 되찾고, 리허설대로 나머지를 해낼 수 있어.

딸아! 연습은 실전처럼, 실전은 연습처럼 하면 좋은 결과를 얻을 수 있단다.

꿈을 돈으로 환전해봐라

수많은 사람이 꿈을 꾸지만 꿈이 꿈으로 끝나는 이유는 돈으로 환전이 안 되기 때문이야.

자원봉사자나 우주 비행사 같은 몇몇 경우가 아니면 대다수의 꿈은 돈으로 환전이 된다. 사업가든, 발명가든, 웹툰 작가든, 통역가든 간에 그 일을 통해 수익을 올릴 수 있지. 비록 얼마 안 될지라도 수익을 낸다면 그 세계에 진입했음을 의미해. 막연히 꿈만 꾸는 사람과는 달리, 꿈을 이룰 가능성이 커진 거야.

작곡가가 꿈이라면 작곡한 곡을 엔터테인먼트 회사나 가수들에게 보내서 팔아라. 네일 아티스트가 꿈이라면 네일아트 가게에 취직해 돈을 벌어라. 손재주가 좋아서 공예가가 꿈이라면 직접 만든 작품을 공예전에 응모하든지, 길거리에 전시해서라도 누군가에게 팔아라. 꿈을 실천하다 보면 현장에서 피드백을 받고 장점과 단점을 포착할 수 있을 테니.

딸아, 사랑하는 사람의 손을 잡으려면 다가가야 하듯 꿈을 이루려면 구체적으로 행동해야 한단다.

위를 보고 살아가되,
아랫사람을 무시하지 마라

위를 보고 살아야 분발해서 개인적으로 발전한다. 그러나 아래에 있는 사람이라고 무시하지는 마라. 타인을 짓밟고 올라가는 자는 승승장구하는 것 같아도, 언젠가는 치고 올라오는 누군가에게 똑같이 짓밟힌단다.

성공할수록 겸손해야 한다. '개구리 올챙이 적 생각 못 한다'고, 잘되면 지난 시절은 까맣게 잊기 쉬워. 그러나 과거를 잊으면 더 나은 미래 또한 기약하기 힘들어진다. 과거의 친구나 동료들이 적으로 돌변해서 발목을 붙잡기 때문이지.

우리가 사는 세상은 열린 세상이란다. 과거에는 하소연하고 싶은 일이 있어도 하소연할 곳이 없었지. 하지만 지금은 인터넷에다 누구나 글을 올리고 동영상을 올릴 수 있어. 저마다 세상을 향해 외칠 수 있는 마이크를 하나씩은 갖고 있는 셈이지.

이런 세상에서는 자기만 아는 사람보다는 타인을 배려하는 사람, 오만한 사람보다는 겸손한 사람, 악한 사람보다는 선한 사람, 부정 직한 사람보다는 정직한 사람이 성공한다.

딸아, 가난하고 힘없는 사람을 무시하거나 깔보지 마라. 가진 것이 없다 고 해서 자존심마저 없는 것은 아니란다.

돈이 있으면
이 세상에서는 많은 일을 할 수 있다.
그러나 청춘은 돈으로 살 수 없다.
_페르디난트 라이문트

예쁘게 꾸미고 다녀라

미모도 경쟁력이다. 외출할 때는 예쁘게 꾸미고 나가라.

인간은 사회적 동물이라서 타인의 시선으로부터 자유롭지 못해. 사춘기에는 화장에도 관심을 갖고, 예쁜 옷에도 눈길을 주는 건 당연해. 예쁘게 꾸미면 자신감도 생기고, 그 자신감이 공부나 일에도 영향을 미쳐서, 더 열심히 하는 계기가 되지.

그래도 너무 튀게 화장하거나 지나치게 야한 옷은 입지 마라. 예뻐지고 싶은 마음은 이해하지만 지나치면 정작 해야 할 일에 소홀할 수 있거든.

예뻐지려고 하는 근본적인 이유는 자기만족도 있지만, 사람들에게 사랑받고 싶어 하는 마음도 있어. 네가 맡은 일을 제대로 하지 못하면 네 미모의 빛은 머지않아 바랄 거야. 자기 할 일을 제대로 하지 못하는 사람을 누가 예뻐하겠니?

딸아! 외출할 때는 예쁘게 꾸미고 다니되, 거울을 자꾸 들여다보거나 화장을 자주 고치지는 마라. 사람들로부터 오래 사랑받는 비결은 내 앞에 놓인 일에 최선을 다하는 거란다.

다이어트로 스트레스를 받지 말고 운동해라

여자는 소녀 시절부터 무덤에 들어갈 때까지 몸매에 관심을 갖게 마련이야. 그 때문에 스트레스도 제법 크지.

평생 다이어트에 대한 강박감에 시달리느니 운동하는 습관을 가져라. 스트레스도 줄일 수 있고, 맛있는 음식도 마음 편히 먹을 수 있어서, 삶의 질이 높아진다.

젊었을 때는 건강의 가치를 낮게 평가해서 운동하는 시간이 아깝게 느껴질 수도 있어. 하지만 건강을 잃으면 아무리 후회해도 소용없지. 사실 아빠도 하루 동안 여러 일을 하며 살아가지만, 운동하는 시간이 가장 가치 있는 시간이라고 생각한단다.

딸아, 적성에 맞는 운동을 찾아서 꾸준히 해라. 몸이 건강해야 정신도 건강해지고, 삶도 건강해진다.

새벽 운동을 해라

일을 마치고 저녁 운동을 하는 것도 나쁘지 않아. 하지만 저녁 운동을 하다 보면 이런저런 약속 때문에 빼먹게 되고, 피곤해도 운동해야 한다는 강박감에 사로잡히게 돼서, 오히려 스트레스가 쌓일 수 있어.

새벽에 일찍 일어나서 운동하면 빼먹지 않고 운동할 수 있고, 도파민 같은 행복 호르몬이 분비되어서 기분 좋게 하루를 시작할 수 있지. 습관이 붙기까지 얼마 동안은 다소 피곤하지만 금세 몸에 익는단다.

새벽에 운동하다가 떠오르는 아침 해를 보고 있으면, 몸 안에 가득 차 있던 어둠과 불안이 가시는 것 같은, 원초적인 행복감을 느낄 수 있지. 갓 태어난 세상에서 새로운 삶을 시작하는 것 같은 깨끗한 기분이라고나 할까.

딸아, 새벽 운동으로 하루를 시작해라. 하루가 즐겁고, 인생이 즐겁다.

패션에 관심을 가져라

홈쇼핑이나 인터넷 쇼핑몰에서 옷을 잔뜩 사는 사람은 대개 패션에 대해서 잘 모른다. 피팅 모델에게 잘 어울려서 샀는데, 실제로 입어보니 자신과 어울리지 않는 거야. 그럼 또 다른 상품을 구매해야 하니 점점 더 쓸데없는 옷이 늘어나게 되지.

일찍부터 패션에 관심을 갖다 보면 나에게 어울리는 옷과 색상에 눈을 뜨게 된다. 어떤 옷을 봤을 때 나에게 어울리는지 어울리지 않는지, 내가 갖고 있는 어떤 옷과 매치가 되는지를 알게 되지.

또한 패션 감각에 대한 자신감으로 어떤 옷이든 잘 소화할 수 있어서, 오히려 적은 비용으로 멋을 낼 수 있어.

딸아, 평생 입고 살아야 할 옷이니 일찍부터 패션에 관심을 가져라. 대인 관계에서는 때로는 옷차림이 말보다 많은 말을 대신하기도 한단다.

지나치게 싼 물건에는
마음을 담을 수 없다

물건을 살 때는 '갖고 싶다'는 네 마음이 담겨야 해. 싸다는 이유만으로 마음이 담기지 않는 옷이나 물건은 사지 마라.

네가 한두 번 입고 거들떠보지 않는 옷은 싼 것이 대부분이야. 싸고 보기 좋아서 샀지만 마음이 담겨 있지 않다 보니, 모임 같은 곳에 입고 가기에는 내키지 않는 거겠지.

사람들이 명품을 좋아하는 이유 중 하나는 그 안에 마음을 담기 때문이야. 경제적으로 여유가 되면 명품을 한두 개쯤 사는 것도 괜찮아. 그러나 무리해서 명품을 사지는 마라. 그래봤자 물건은 물건일 뿐이야. 명품에다 지나치게 마음을 담으면 속물 소리를 듣게 된단다.

딸아! 형편에 맞는 물건을 사되, 두 개 살 것을 하나만 산다는 마음가짐으로 구매해라. 그래야 마음도 담기고 애정도 간다.

가방이나 핸드백 속에
시집을 넣고 다녀라

세상은 은유와 상징으로 이뤄져 있다.

시인은 인생은 물론이고 세상 만물을 구석구석 밝혀주는 사람이
야. 우리가 사는 세계가 물질계에 가깝다 보니, 그들이 경제력이나
활동력이 떨어진다는 이유로 제대로 대접받지 못하고 있지만, 그들
의 시 속에는 돈으로 살 수 없는 귀중한 것이 담겨 있지.

딸아, 다양한 시인의 시집을 가지고 다녀라. 시집을 꾸준히 읽으면 감정
의 폭도 넓어지고, 세상의 감춰진 이면도 볼 수 있고, 너 나름대로 인생과
세계를 해석할 수 있단다.

엄마와는 친구처럼 지내라

살다 보면 너도 깨닫게 될 거야. 가까운 사람이 가장 널 기쁘게 하지만, 또한 가장 널 아프게 한다는 사실을 말이야.

엄마와의 인연은 하늘이 맺어준 것이다. 평생 함께 가야 할 사람이니 친구처럼 허물없이 지내라. 엄마와 사이가 좋으면 세상살이가 한결 수월해진다.

모성애라는 것은 세상에서 가장 크고 위대한 감정이어서, 자식은 엄마의 사랑을 헤아릴 수조차 없지.

미우나 고우나 엄마는 엄마란다. 또한 인생 선배이자 몇 안 되는 너의 무조건적이고도 열렬한 팬이지. 말은 하지 않지만 엄마는 늘

너와 함께 지내고 싶어 해. 속마음도 터놓고 허물없이 지내라. 영화도 보러 다니고, 맛집도 찾아가고, 여행도 함께 다녀라.

불경에도 나오지만, 목숨이 붙어 있는 동안은 자식의 몸을 대신하기 바라고, 죽은 뒤에는 자식의 몸을 지키기를 바라는 것이 부모란다.

딸아, 그런 멋진 엄마가 너의 친구라는 사실을 항상 자랑스러워해라.

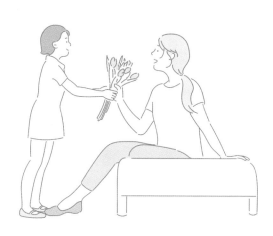

삶, 그 자체를 사랑해라

살다 보면 숨쉬기조차 힘겹게 느껴지는 날도 찾아온다. 어느 것 하나 뜻대로 되지 않을지라도 삶을 미워하지는 마라.

자신의 삶을 스스로가 미워하게 되면 이 세상에서 마음 붙일 곳이 없어진다. 모든 사랑의 근원은 바로 '나 자신'에서부터 출발하는 법이거든.

성장기에 한 번쯤 심한 몸살을 앓게 마련이지. 고난도 그런 거란다. 열에 들떠서 사경을 헤매다가 새벽에 열이 내려서 주변을 둘러보면 세상이 물속처럼 고요하게 느껴지듯이, 고난을 이겨내고 나면 삶 자체가 달리 보인다.

딸아, 인생의 내공은 고난을 딛고 일어설 때마다 조금씩 쌓이는 거란다.

자신이 아니고서는 아무도 본인의 삶을 사랑하지 않으니, 힘든 시절일수록 삶을 꼭 끌어안아라.

다양한 사람을 만나라

청춘일 때 다양한 사람을 만나라. 세월이 지나면 남는 건 추억뿐인데, 사람마다 추억의 크기와 색깔은 다 다르다. 똑같은 공간에서 비슷한 시간을 보내지 말고, 다양한 사람과 교제하며 여러 경험을 해라. 삶에 대한 깨달음은 뜻하지 않은 곳에서 마주치기도 하니까.

어떻게 살아도 한평생인데 잔뜩 웅크린 채 남의 눈치만 보며 살지는 마라. 개방적인 태도로 자신감을 갖고 거침없이 살아라.

다양한 사람을 만나봐야 결혼 상대를 고르는 안목도 생긴다. 남편감으로는 합격일지라도 아빠로서는 부적격인 사람, 사회에서는 인정받아도 배우자로서는 부적격인 사람 등등을 골라낼 수 있지.

딸아, 색다른 경험은 삶에 영감을 준다. 다양한 사람과의 교제를 통하여 정신세계를 확장해 나아가라.

잠시라도 머문 자리는 깨끗이 치워라

이 세상은 잠시 머물다 가는 곳이다. 깨끗하게 사용하다가 후손에게 물려줘라.

세상에는 질질 흘리고 다니는 사람이 많아. 음식물 쓰레기는 물론이고, 양심이나 영혼까지 흘리고 다녀서 눈살을 절로 찌푸리게 하지.

집이든 회사이든 간에 이동할 때는 항상 주변을 치워 버릇해라. 캠핑장이든 응원석이든 공원 벤치이든 간에, 잠시라도 머물렀으면 흔적을 남기지 않도록 신경 써라.

인생 또한 마찬가지야. 어디서 무슨 일을 하든지 간에 오명을 남기지 않도록 신경 쓰고, 아름다운 향기와 함께 그리움만 남도록 잘 정리하고 떠나라.

딸아, 머물렀던 자리를 보면 떠난 사람의 인격을 알 수 있단다.

지각은 절대 하지 마라

지각하는 사람은 실제 능력보다 저평가받는 경향이 있다.

지각하는 사람들은 예측 불가능한 상황이 벌어져서 어쩔 수 없이 늦었다고 둘러대지만, 그것은 구차한 변명일 뿐이야.

우리가 사는 세계는 원래 예측 불가능한 곳이다. 지각하지 않으려면 뜻밖의 상황에 부딪혔을 때를 염두에 두고 출발해야 해. 버스 타이어가 펑크 나서 뒤차로 갈아탈 경우, 갑작스런 파업으로 말미암아 다른 교통수단을 이용해야 할 경우를 대비해야만 구차한 변명을 안 할 수 있어.

학교이든 직장이든 약속 장소이든 간에, 일찍 도착하면 차분하게 마음의 준비를 할 수 있다. 커피를 한 잔 마시면서 잠시 여유 있는 시간을 보낸 뒤 시작하면 공부도 일도 더 잘되지.

딸아, 절대로 지각하지 마라. 죄인처럼 머리를 조아리고 용서를 구해야 하는 너 자신이 가여워서, 남몰래 눈물 흘리지 마라.

은혜를 입었으면 늦기 전에 보은해라

인간은 망각의 동물이야.

은혜를 입었을 때는 누구나 감사하는 마음을 갖게 돼. 그러다 바쁜 일상으로 돌아오면 감사의 마음이 무뎌지고, 적절한 시기를 놓치면 배은망덕한 사람으로 전락하지.

모든 일에는 적절한 시기가 있다. 보은도 시기를 놓쳐서는 안 돼. 빠른 건 괜찮지만 늦으면 욕먹을 수도 있고, 아예 잊어버리는 수도 있어.

딸아, 보은할 때는 조금도 주저하지 마라. 신은 은혜를 갚을 줄 아는 사람을 위해서 더 큰 은혜를 준비해놓는단다.

도움을 주었으면 잊어버려라

순수한 마음으로 누군가에게 도움을 주었다면 마음에 담아두지 말고 잊어버려라. 설령 상대방에게 뭔가를 바라는 게 있어서 도와주었다 하더라도 큰 기대는 하지 마라.

배신감은 늘 기대로부터 오는 법이다. 기대가 크면 도움을 주고도 오히려 마음의 상처를 입게 되지.

도와줘봤자 결과가 빤해서 오히려 너만 상처 입을 것 같다면 차라리 외면해라. 하지만 빤한 결과일지라도 도움을 주는 쪽이 너답다면 기꺼이 도와주어라.

딸아, 아무것도 바라지 않으면 마음 편하게 살 수 있단다. 잊고 있다가 감사의 선물이라도 받으면 기쁨은 배가 되지.

잘하는 요리 한두 가지쯤은 배워놓아라

요리는 인생을 즐겁게 만드는 것 중 하나야. 요리에 자신이 생기면 왠지 나 자신이 멋있어 보여.

살다 보면 다른 사람들 앞에서 요리해야 할 기회가 온다. 한두 가지에 불과할지라도 제대로 된 요리를 만들면 사람이 달라 보이지.

또한 요리 한두 가지를 배워놓으면 음식에 대한 새로운 시각과 미각이 함께 열린단다. 식당에서 음식을 사 먹어도 맛을 평가할 수 있고, 배워야 할 점들이 눈에 보이기 시작하지.

세상 사람들은 '머리 좋은 사람이 요리도 잘한다'고 생각해. 맛있는 요리를 만들려면 맛의 배합을 잘해야 하는 데다, 재료가 익는 데 걸리는 시간까지 고려해야 하거든.

딸아, 그다지 힘들이지 않고 머리 좋은 사람이 될 기회를 절대 놓치지 마라.

속 편하게 살아라

음식을 지나치게 탐하지 마라. 과식으로 살찌는 걸 걱정하는 사람은 많아도 못 먹어서 영양실조 걸릴까 봐 걱정하는 사람은 드문 시대다.

'먹방'이 성행하다 보니 과식을 자랑처럼 여기기도 하는데, 항상 경계해라. 살 찌는 건 쉬워도 살 빼는 건 어렵다.

과식하면 위장으로 가는 혈류량이 급격하게 늘어나서 머리가 멍해지면서 졸음이 몰려와. 조금 부족한 듯 먹어야 맑은 정신을 유지할 수 있어.

딸아, 속이 편해야 마음도 편한 거야. 한 번에 필요 이상 먹는 사람보다는, 비록 적은 양일지라도 최대한 맛있게 먹는 사람이 현명하다.

나만의 무기를 가져라

험한 세상을 살아가기 위해서는 나만의 무기를 하나쯤은 갖는 게 좋아. 그것이 업무와 관련 있으면 더욱 좋고, 굳이 업무와 상관없어도 괜찮아.

한 가지 잘하는 것이 있으면 마음에 여유가 생긴다. 아직 살아가야 할 날이 많으니 운동이든, 악기이든, 노래이든, 춤이든, 마술이든, 대화술이든 하나쯤은 꾸준히 실력을 쌓아가거라. 언젠가는 그 무기를 사람들 앞에서 꺼낼 기회가 생길 거야. 그 순간, 반짝반짝 빛이 날 거란다.

딸아, 인생은 단면이 아닌 다면체이니 다른 면에도 신경 쓰며 살아라.

예술을 사랑해라

　아기자기한 즐거움을 맛보려면 연애를 하고, 풍성한 인생의 즐거움을 누리려면 예술을 가까이해라.

　영화관이나 미술 전람회만 가지 말고 폭넓은 문화생활을 해라. 연극이나 뮤지컬도 관람하고, 음악회에도 가서 귀를 기울여라.

　스포츠도 그렇지만 예술도 직접 참여해보면 훨씬 재미있다. 직접 글도 써보고, 그림도 배워보고, 기회가 된다면 무대도 올라봐라.

　딸아, 예술을 사랑하면 인생이 곧 예술임을 깨닫게 될 거야.

청결에 신경 써라

남자는 청결한 여자에게 본능적으로 끌린다.

남자의 유전자는 청결한 여자가 건강한 아이를 낳고, 몸에 좋은 음식을 만들고, 편안하고 안전한 주거 공간을 제공한다는 사실을 알고 있지.

항상 손톱과 발톱을 정갈하게 하고, 머리를 자주 감아라. 남자는 여자의 머리카락에서 나는 냄새에 대단히 민감하단다. 옷에 얼룩이 생기지 않도록 유의하고, 화장이 번지지 않도록 하고, 지나치게 꾸미는 것은 삼가렴.

딸아, 몸이 청결해야 마음도 청결해진다.

명품보다는 명품 인생에 관심을 가져라

　명품을 구매하는 이유 중 하나는 대리 만족에 있다. 명품을 통해서 자신의 가치를 높이거나 확인하기 위함이라고나 할까.

　하지만 스스로가 명품이라는 자부심으로 인생을 살아가는 사람들은 굳이 명품을 탐내지 않는다. 명품을 살 돈이면 그보다 훨씬 더 가치 있는 곳에 사용할 수 있음을 알기 때문이지.

　명품에 마음을 빼앗기지 말고, 어떻게 하면 명품 인생을 살아갈 수 있을지에 관심을 가져라. 명품을 샀을 때의 기쁨은 잠깐이지만 명품 인생을 살아가는 기쁨은 죽기 전까지 계속된다.

　딸아, 최고의 명장이 만든 하나뿐인 명품일지라도 물건이 인생을 바꿔 주지는 않는단다.

마음의 정원을 가꿔라

사람들은 누구나 마음속에 정원을 갖고 있다.

그래서 감정이 사막처럼 메말라 있는 사람과 함께 있으면 숲이 그리워지고, 향긋한 향기가 나는 사람과 함께 있으면 차 한 잔이 생각나지.

외모에만 신경 쓰며 살다 보면 내면이 피폐해질 수 있으니, 틈틈이 마음의 정원을 가꿔라. 정원사가 정원을 가꾸듯, 보기 흉하게 뻗어 있는 미움과 원망의 가지는 잘라내고 마른 꽃처럼 메마른 정서에는 물을 주어라.

딸아! 마음의 정원을 가꾸는 방법 중 하나는 어려운 이웃을 돕는 것이니, 틈나는 대로 봉사 활동을 해라.

정치에도 관심을 가져라

정치는 들여다보고 있으면 답답함을 느낄 때가 많다. 아빠도 그런데 너는 오죽하겠니. 그래도 정치에 관심을 가져야만 해.

지역사회는 물론이고 국가의 전반적인 것들을 움직이는 건 정치야. 정치에 관심을 가져야 세상 돌아가는 걸 알고, 다수가 원하는 세상을 만들어갈 수 있어.

살기 좋은 세상을 꿈꾸면서도 정치에 무관심하다면 한낱 백일몽에 불과해. 정치에 관심을 갖고, 투표만큼은 무슨 일이 있더라도 꼭 해라.

딸아, 정치에 무관심한 국민은 독재자의 폭정에 시달릴 수밖에 없단다.

이불킥을 하며 잊으려 하지 말고
성장의 계기로 삼아라

살다 보면 무식이 탄로 나거나 터무니없는 실수를 해서 창피당할 때가 있다.

예를 들면, '수도 이름 대기'를 하는데 중국의 수도를 마카오라고 하거나 일본의 수도를 삿포로라고 했다면 조롱거리가 될 테지. 너 또한 그 일이 생각날 때마다 이불킥을 하며 잊으려 할 텐데, 차라리 벌떡 일어나서 수도 이름을 외워라. 외우는 숫자가 점점 늘어날수록 그때의 창피함도 잊힐 거야.

우리는 살아가면서 다양한 사건과 부딪힌다. 그 사건을 어떻게 해석하고 받아들이냐에 따라서 성공적인 인생을 사느냐, 그렇지 못하느냐로 갈리게 돼.

딸아, 창피나 실수는 누구나 하는 거란다. 잊으려 몸부림치지 말고 성장과 도약의 기회로 삼아라.

행운이나 기회는 준비된 자에게 찾아온다

행운의 신은 누구에게나 찾아오지만, 행운을 붙잡는 건 준비된 사람뿐이다. 행운의 여신은 선물만 줄 뿐 목적지까지 무사히 데려다주지는 않거든.

기회 또한 마찬가지야. 기회의 신인 카이로스는 앞머리는 무성하지만, 뒷머리는 대머리인 데다 발에는 날개가 달려 있어서 재빨리 눈앞에서 사라져버리지.

행운이나 기회를 붙잡고 싶거든 먼저 기본기를 갖춰야 해. 어떤 분야든 기본기가 탄탄해야만 모처럼 찾아온 행운이나 기회를 꽉 붙잡을 수 있어.

딸아, 행운이나 기회가 언제 찾아올지 모르니 만반의 준비를 해놓아라.

금전출납부를 작성해라

돈 벌기는 어렵고, 돈 쓰기는 쉬운 세상이다. 가계부라는 이름이 부담된다면 금전출납부를 기록해라.

힘들게 번 돈이 '월급 들어왔다, 월급 나갔다'라는 말처럼 순식간에 빠져나간다면, 그것은 신성한 노동에 대한 모욕이야.

매월 적은 돈이라도 저축해라. 돈은 평상시에는 넘쳐나다가도, 꼭 써야 할 때가 되면 슬그머니 종적을 감춰서 애간장을 태우게 하는 못된 습성이 있다.

딸아, 통장이 가벼워지면 마음이 무거워진다. 평소에 돈관리를 철저하게 해서 평생 가벼운 마음으로 살아라.

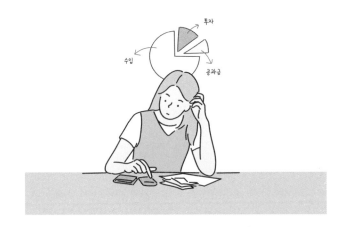

지출이 수입보다 크면
아르바이트를 병행해라

직장을 다니는데 지출이 수입보다 크다면 아르바이트를 병행해라. 적자가 계속 나면 심리적으로도 위축되고 불안해지지. 아르바이트라도 하면 몸은 고단해도 경제적으로 여유가 생기기 때문에 마음은 한결 편해진다.

직장생활을 하는 동안에는 항상 수입이 지출보다 많아야 해. 돈 들어갈 구멍은 나이를 먹을수록 점점 더 커지니 젊었을 때 최대한 모아라.

딸아, 돈은 돈을 부르는 속성이 있지. 통장에 돈이 수시로 바닥나게 해서는 평생 가난뱅이 신세를 면할 수 없단다.

현명한 소비가 만족감을 준다

먹어도 그만이고 안 먹어도 그만인 음식이나, 사도 그만이고 안 사도 그만인 물건을 위해서 돈을 쓰지 마라. 지름신이 강림해서 충동 구매를 했다면 반성해라.

물론 당장 사야 할 물건도 있지만, 대부분의 물건은 최대한 늦게 사는 게 이득이란다. 참고 참다 보면 소용없는 물건임을 깨닫게 되거든. 뒤늦게 필요성을 절감한다 해도, 그동안 가격이 하락해서 가성비 높은 제품을 구매할 수 있어. 또한 마음이 담겨 있어서 만족감도 그만큼 커진다.

화나거나 울적하면 충동 구매를 할 확률이 커져. 그럴 때는 산책을 해라. 충동 구매는 지르는 순간만 시원할 뿐 두고두고 후회한다.

딸아, 소비가 만족감을 주는 것이 아니라 현명한 소비가 만족감을 준다. 쇼핑몰에서 원하는 호구가 되지 말고, 현명한 소비자가 되어라.

여행 통장을 만들어라

결혼해서 아이 낳고 직장을 다니다 보면 점점 행동반경이 좁아진다. 삶이 답답해서 여행을 가고 싶어도 당장 들어가야 할 돈이 우선이다 보니, 여행은 매번 다음 기회로 미루게 되지.

여행은 사치가 아니라 삶의 일부분이라는 생각으로 살아라. 취업하면 여행 통장을 만들어서 적은 돈이라도 매월 자동이체를 해라. 결혼하면 남편도 여행 통장에 매월 돈을 적립하게 해라.

적은 돈이 쌓이면 목돈은 아니라도 중간 돈은 된다. 일 년에 한두 번쯤은 여행을 갈 수 있을 거야.

여행은 지난 삶을 되돌아보게 하고, 살아갈 용기를 주고, 일하는 즐거움을 주고, 세월이 흐르면 아름다운 추억으로 남는다.

딸아, 일상을 사랑하되 틈틈이 여행도 다니며 살아라.

어떤 상황에서도 행복을 선택해라

살아가다 보면 여러 상황에 부딪히게 된다. 어떤 것들은 명확하게 행복과 불행으로 나뉘지만, 대개는 혼재되어 있어. 그럴 때는 주저하지 말고 행복을 선택해라.

예를 들어서 공부하거나 일을 할 때면 행복하기도 하고 불행하기도 할 거야. 물론 상황에 따라서 차이는 있겠지만 행복한 사람은 행복을 선택하고, 불행한 사람은 불행을 선택한다.

딸아, 어차피 해야 할 공부이고 어차피 해야 할 일이라면 행복한 마음으로 해라. 너 스스로 행복하다고 믿어야 행복해진다.

식물의 이름을 불러주어라

마음을 열고 식물과 친구가 되어라. 식물과 사귀면 생명을 사랑하게 되고, 좀 더 넓은 세계를 볼 수 있다.

눈길이 가는 식물을 발견하면 생김새를 기억해두었다가, 인터넷으로 이름을 찾아서 외워두어라. 공원을 산책하거나 길을 걷다가 다시 만나면 이름을 불러주어라.

삶이 무료할 때는 식물원을 찾아가거라. 식물들의 이름을 나지막이 불러주며 식물원을 천천히 걷다 보면, 소소한 즐거움을 느낄 수 있다.

딸아, 아무리 좋은 사람과 함께 살아도 사색의 시간은 꼭 필요한 거란다.

식물과도 자주 눈 맞추며 살아라.

어린아이 같은
순수한 마음을 잃지 마라

조금도 손해 보지 않고 살겠다 안간힘을 쓰지 마라. 지나치게 계산하며 따지지 마라. 작은 이익을 얻는 대신 순수성을 잃게 된다.

순수성은 유연한 마음에서 나오지. 탄력이 점점 떨어져서 유연성이 모두 사라지면 마음은 마른 장작처럼 딱딱하게 변한단다. 그런 상태에서는 더 이상 순수한 기쁨과 순수한 즐거움을 느낄 수 없어.

세월이 흐르면 나이를 먹어서 슬픈 것이 아니라 순수한 마음이 사라져서 슬픈 거란다. 부끄러움도 치욕도 모르고, 오로지 나만 아는 뻔뻔한 어른이 되지는 마라.

딸아, 눈을 감는 순간까지 어린아이 같은 마음으로 살아라.

가슴 따뜻한 사람이 되어라

똑똑한 사람보다는 가슴 따뜻한 사람이 되어라. 냉정하게 모든 것을 처리하는 사람보다는 사람에 대한 이해와 배려를 우선시하는 사람이 되어라.

똑똑하고 냉정한 사람은 도처에 널렸다. 언뜻 보면 그런 사람들이 승승장구하는 듯해도 오래가지 못한다. 세찬 비바람이 휘몰아치면 강한 나무는 부러지는 법이거든.

동료에게 불행이 찾아오면 같이 마음 아파하고, 어려운 사람을 위해서는 기꺼이 손을 내밀어라. 불의 앞에서는 내 일처럼 분노하고, 안타까운 죽음 앞에서는 목 놓아 통곡할 수 있는 그런 사람이 되어라.

딸아, 세상을 지배하려 들지 말고 사랑으로 꼭 끌어안아라.

청춘일 때 꽃을 피워라

인생은 한 그루 식물과도 같다. 청춘일 때는 시간이 더디게 가서 젊음이 영원히 지속될 것 같지만, 지나고 보면 허무할 정도로 짧은 게 청춘이더라.

하고 싶은 일이나 이루고 싶은 것들은 젊어서 구해라. 내일로 미루다 보면 한 송이 꽃도 채 피워보지 못한 채 시들게 된다. 꿈이 있다면 '욜로'니 '소확행'이니 이런 말들에 현혹되지 말고 부지런히 살아라.

딸아! 청춘은 바람처럼 스쳐 지나가니, 꽃을 피우고 싶다면 서둘러라.

과분한 칭찬을 경계해라

칭찬은 감사히 받아들여라. 그러나 과분한 칭찬은 경계해라.

세상에는 간혹 달콤한 말로 정신을 빼앗은 뒤 이득을 취하려는 무리가 있다. 칭찬은 정신을 혼미하게 하고, 판단력을 흐리게 한다.

파도처럼 밀려드는 칭찬에 휘말리다 보면 능력 이상의 일을 맡게 되거나, 하지 말아야 할 약속을 하거나, 사지 말았어야 할 물건을 사게 되지.

과분한 칭찬을 받으면 경계하고, 정신을 똑바로 차려라. 물론 칭찬을 받으면 높이 나는 새가 된 것 같아 기쁘겠지. 하지만 그 기쁨은 잠깐이고, 추락의 고통은 오래간다.

딸아, 달콤한 말만 속삭이는 사람은 경계해라.

거울을 볼 때마다 근사한 미소를 지어라

사춘기 때는 굴러가는 낙엽만 봐도 까르르 웃지만, 사회인이 되면 점차 웃을 일이 줄어든다. 즐거운 일이 없어도 거울을 볼 때마다 미소를 지어라.

여행지에서 사진을 찍는 가족은 대개 미소가 닮아 있다. 다수의 가족은 어색한 웃음을 짓고, 소수의 가족만이 근사한 미소를 짓지. 근사한 미소를 짓는 가족은 옷차림도 멋지고 몸짓에서도 여유가 넘쳐나더라.

나이를 먹을수록 점차 웃을 일이 없어져, 얼굴 근육도 딱딱하게 굳어버리지. 평소에 자주 웃어야 세월 흘러도 자연스럽고 근사한 미소를 지을 수 있다.

딸아, 자주 근사한 미소를 지어라. 그래야 웃을 일도 많아지고 삶도 점점 근사해진다.

음식 먹기 전에 감사 기도를 해라

세상의 모든 음식물은 귀하디귀한 것이란다. 그러니 배고프다고 허겁지겁 먹지 말고, 잠시 눈을 감고 음식이 내 앞에 놓이기까지의 과정을 상상해라.

바닷속에서 힘차게 헤엄치던 물고기, 알에서 태어나 자신의 생을 온전히 살아보지도 못한 채 죽은 조류, 나뭇가지에 매달려 햇볕과 비바람을 맞으며 성장한 과일이 내 앞에 놓여 있는 거야.

자연에 감사하고, 식탁에 오르기까지 열과 성을 다한 사람들을 위해서 잠시 감사 기도를 해라. 음식의 소중함을 모르는 사람은 고마움을 모르고, 고마움을 모르는 사람은 생명의 소중함을 모른다.

딸아, 감사하는 마음으로 귀한 음식을 먹었으면 그에 합당한 하루를 살아라.

말과 행동이 일치하는 삶을 살아라

말은 마음의 표현이고, 행동은 그 결과란다. 말과 행동이 어긋나면 맞지 않은 옷을 입은 것처럼 삶이 점점 불편해지지.

프리드리히 니체는 "사람은 자기가 한 약속을 지킬 만한 좋은 기억력을 지녀야 한다"라고 했다. 아무리 바쁘더라도 한 번 말을 뱉었으면 되도록 지키려고 노력해라.

스스로 한 약속을 지키려고 노력하다 보면 허언을 줄일 수 있고, 허언이 줄어들다 보면 사람들로부터 신뢰를 얻을 수 있다.

딸아, 보석은 잃어버리면 일부를 잃을 뿐이지만 신뢰를 잃으면 전부를 잃는 것이다.

마음의 문을 열어놓고 살아라

마음을 닫고 사는 사람도 있고, 필요할 때만 여는 사람도 있고, 항상 열어놓고 사는 사람도 있다. 너는 마음의 문을 항상 열어놓고 살아라.

열린 마음은 긍정 마인드와 연결되어 있고, 성장 마인드로 이어진다. 이 세상은 배우려는 마음이 없으면 아무것도 배울 점이 없고, 배우려고 마음먹으면 무궁무진한 곳이다.

딸아, "안 돼!"라고 말하기 전에 다른 시각에서 한 번 더 생각해봐라. 기존의 벽을 허물어야 새로운 세상이 열린단다.

내 것이 아닌 것에 집착하지 마라

살다 보면 노력해도 잡지 못하는 것들이 있어. 친구도 그렇고, 사랑도 그렇고, 공부도 그렇고, 일도 그렇고, 물건도 그렇다. 꼭 갖고 싶어서 수없이 시도해보았지만, 뜻대로 안될 때는 마음을 내려놓아라.

집착은 시야를 좁게 해서 이기적으로 행동하게 만들고, 삶을 한층 고독하게 만들지. 지금은 그것만이 행복이고, 그것만이 내 세상 같겠지만 포기하고 나면 또 다른 행복, 더 큰 세상이 기다리고 있다.

딸아, 지나친 집착은 시야를 가려서 삶을 늪으로 끌고 간다. 때론 포기할 줄도 알아야 인생이 풀린단다.

존중받고 싶다면 때로는 단호해져라

모든 사람의 편에 서는 사람은 누구의 편도 아니다.

적을 만들지 않아야겠다는 마음가짐은 바람직하지만 그렇다고 물에 물 탄 듯, 술에 술 탄 듯 행동하지는 마라.

사회생활을 하면 눈에는 보이지 않지만, 자신만의 영역이 있다. 좋은 게 좋은 거라고 계속 물러서다 보면, 얼마 가지 않아 너의 영역을 모두 빼앗기고 말지.

너의 영역 안에서 벌어지는 일이라고 판단되면 단호하게 대처해라. 그것이 일이든, 가치관이든, 종교이든, 가족이든, 친구이든 간에 단호하게 처신해야 너의 영역을 지킬 수 있다.

딸아, 물러서는 사람을 존중해주는 사람은 아무도 없다. 너 자신을 지킬 줄 알 때 비로소 존중받는 법이란다.

직장에 안주하지 마라

취업하고 결혼하고 나면 여성은 남성보다 직장에 안주하려는 경향이 좀 더 강해진다. 일도 몸에 익고, 회사 사람들과도 친해졌다고 해서 안주하려 하지 마라. 성장 마인드를 놔버리는 순간, 너희가 자조하듯 내뱉곤 하는 '사노예'로 전락한다.

열심히 배워서, 좀 더 큰 세상으로 나가겠다는 마인드로 일해라. 나무도 성장이 멈추면 베일 일만 남듯이, 사람도 성장이 멈추면 해고될 위기에 처한다.

딸아! 회사가 널 선택하게 하지 말고, 네가 회사를 선택해라.

나에 대한 투자는 아끼지 마라

멋진 인생을 살고 싶다면 소비 습관을 바꿔라.

보고 싶은 뮤지컬이 있다면 다른 곳에 들어가는 돈을 줄여서라도 관람해라. 꼭 배워보고 싶은 것은 한 달이 지나서도 같은 마음이라면 배워라. 사고는 싶은데 비싸서 망설이고 있다면 그 금액의 절반만큼을 생활비에서 절약해봐라. 여행을 떠나고 싶다면 세 번쯤 생각해보고, 그래도 계속 가고 싶다면 떠나라.

딸아, 인생을 소비하는 데 돈 쓰지 말고 인생을 풍성하게 하는 데 돈을 써라.

술은 기분 좋을 때만 마셔라

알코올이 체내에 흡수되면 기억과 학습 등을 담당하는 뇌 속 해마가 움츠러들고, 이성과 자제력을 통제하는 전전두피질이 마비되면서, 봉인된 본능이 활개를 치게 된다. 그래서 술을 마시면 상대방에 대한 악감정을 털어놓거나 꼭꼭 감춘 자기 비밀마저도 술술 고백하게 되지.

특히 기분 나쁜 날은 그 감정이 어떤 식으로든 밖으로 표출될 가능성이 크니, 술을 마시지 마라. 정 마시고 싶다면 아빠와 함께 마시자꾸나.

딸아, 술주정뱅이는 어디를 가도 환영받지 못한다. 하지만 아빠 앞에서는 아무리 심한 술주정을 부려도, 그저 예쁘고 착한 딸일 뿐이란다.

예쁜 사진첩을 만들어라

청춘은 금방 지나간다. 멋진 사진을 많이 찍어라. 사진은 청춘의 나를 추억할 훌륭한 수단이란다. 예쁜 옷을 입고서 찍은 멋진 사진은 훗날 정신적인 자산이 되지.

요즘은 스마트폰으로 편리하게 사진을 찍을 수 있지만, 별도로 저장해놓지 않으면 모두 잃어버릴 수 있다. 수시로 출력해놓거나, 분기별로 저장된 사진을 정리해서 사진첩을 만들어라.

딸아, 청춘은 가도 사진은 남는 법이란다.

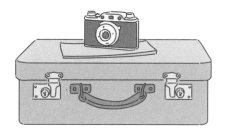

삶의 리듬감을 잃지 마라

인생은 한 곡의 노래와도 같다. 일정한 리듬을 타며 살아갈 때 삶이 가장 즐겁지. 지금 인생이 즐겁다면 제대로 리듬을 타고 있다는 증거란다.

그러다 한순간 리듬을 잃어버리면 인생이 꼬이면서 고난이 찾아오지. 대인관계로 스트레스를 받거나, 재정적으로 문제가 생길 수 있고, 건강에도 문제가 생길 수 있어.

인생이 즐거울 때면 마음가짐과 생활 습관을 상세히 기록해둬라. 리듬이 일시적으로 깨어져도, 그때의 마음가짐과 생활 습관을 복원하면 인생이 다시 즐거워진다.

딸아, 행복은 선물받은 꽃처럼 활짝 피어 있는 것이 아니란다. 너 스스로 씨를 묻고 행복의 꽃을 피워야 한단다.

Chapter 4
사랑을 해서
사랑스러운 딸에게

여자가 처음으로 사랑할 때는
연인을 사랑하고,
두 번째 사랑할 때는
사랑 그 자체를 사랑한다.
_프랑수아 드 라로슈푸코

사랑이라는 감정과
사랑에 빠지지 마라

짝사랑하거나, 사랑에 서툴면 종종 상대방을 사랑하기보다는 사랑에 빠진 자신의 감정을 사랑하곤 한다. 이런 사랑은 오래가지 못할뿐더러 더없이 힘들고 슬프게 느껴져서 자꾸만 눈물이 나지.

물론 그 감정도 소중하기는 하지만 누군가를 사랑하는 일이 기쁘고 행복해야지, 슬프고 불행한 일이 되어서는 안 된다.

딸아, 사랑이란 일방적 감정이 아닌 교류의 감정이란다. 나 혼자 일방적으로 사랑하지 말고, 상대방의 일방적인 사랑도 받으려 하지 마라.

주변의 것들을 사랑해라

진실한 사랑은 진실한 사람이, 아름다운 사랑은 아름다운 사람이, 충만한 사랑은 사랑이 충만한 사람이 한다.

누군가를 사랑하기 전에 주변의 것들을 먼저 사랑해라. 가족을 사랑하고, 친구를 사랑하고, 불우한 이웃들과 동식물을 사랑해라.

사랑이 충만한 사람은 혼자 있어도 빛이 나고, 사랑의 묘약인 페르몬이 자연스럽게 발산되어 사랑이 충만한 남자를 끌어들인다.

딸아, 사랑스러운 여자가 되고 싶으면 네 마음속에 사랑을 가득 채우렴.

사랑을 시작하기 전에는 눈을 높여라

　세상에 쉬운 사랑은 없어. 처음에는 라일락 향기처럼 달콤한 사랑도, 시간이 지나면 라일락 잎처럼 쓴맛으로 변해버리지.

　처음에 남자를 고를 땐 눈높이를 높여라. 그래야만 제대로 된 남자를 만나서 제대로 된 사랑이 뭔지를 경험해볼 수 있어. 처음부터 눈을 낮춰서 형편없는 남자를 만나면 사랑도, 삶도 점점 더 힘겹게 느껴진다. 사랑을 하는 건지, 전쟁을 하는 건지 알 수 없게 되지.

　딸아, 끼리끼리 논다고 좋은 남자를 만나야 너도 좋은 사람이 된단다.

사랑할 때는 눈을 낮춰라

세상에 완벽한 사람은 없다. 장점만 가진 남자도 없고, 단점만 가진 남자도 없지.

탐색이 끝나고 본격적인 교제를 시작하면 눈높이를 낮춰라. 장점은 칭찬해주고, 단점은 슬쩍 눈감아줘라. 누구나 한두 가지 단점은 안고 살아가니까.

그 남자를 내 취향에 맞추려고 안간힘을 쓰기보다는 있는 그대로를 사랑해라. 일정한 시간이 지나면 저절로 알게 된다. 나에게 맞는 사람인지, 아닌지를.

딸아, 눈높이를 낮추고 잘해보려고 했는데도 아니라고 생각되면 헤어져라. 연애할 때 지렁이인 사람이 결혼하고 나서 용 되는 경우는 본 적이 없다.

남자와 대화할 때는
대화의 목적을 먼저 밝혀라

여자는 대화 자체를 즐기는 반면, 남자는 목적 있는 대화를 하는 습성이 있다.

고민이 있어도 평소 여자 친구에게 하듯이, 불쑥 이야기를 시작해서 현재 상황과 마음 상태를 세세하게 표현하지 마라. 이야기가 조금만 길어지면 남자는 자신에 대한 비난이나 공격으로 해석할 가능성이 크지. 그런 이야기가 계속되면 '그래서 본론이 뭐야?'라며 속으로 짜증을 낸다.

긴 이야기가 될 것 같으면 "당신 때문에 그런 건 아니고, 내가 요즘 답답해서 그런데 이야기가 좀 길어지더라도 들어줄 수 있어요?"라고 물어본 뒤 대화를 시작해라. 남자도 마음의 준비가 된 상태에서는 인내심을 발휘할 줄 안다.

딸아, 남자와 사이좋게 지내고 싶다면 남자 자체를 먼저 이해해라. '화성에서 온 남자'의 실체를 이해할수록 다툴 일도 그만큼 줄어든다.

자기 자신을 사랑하는 남자가
너를 소중히 여긴다

연애는 그 자체로도 의미가 있지만, 대개는 서로가 결혼 상대로 적합한가를 알아보는 탐색전이라 할 수 있다. 사귀는 동안 남자가 자신을 얼마나 소중히 여기는지를 유심히 보아라.

자기 비하가 심하고, 자신에 대한 긍지가 없고, 스스로 미래에 대한 전망조차 없다고 생각하는 남자는 결혼 상대로 부적격이다. 술에 취해서라도 거울 속에 비친 자신을 경멸하듯 노려보는 남자는 피해라. 그는 자신만 해치는 것이 아니라 가까운 사람도 해칠 가능성이 크다.

자신을 사랑할 줄 아는 남자가 여자를 사랑할 줄 안다. 자신을 사랑하지 않는 남자는 아무리 가르쳐줘도 사랑의 소중함을 모르지.

딸아, 세상에는 형편없는 남자도 많지만 멋진 남자도 차고 넘친단다. 단 하루라도 아까운 청춘을 형편없는 남자와 함께 보내며 허비하지 마라.

사랑한다면 거리 두는 연습을 해라

　연애하다 보면 어느 한순간, 한 몸처럼 붙어다니게 되지. 하지만 이런 연인들은 보기에는 좋아도 관계가 오래가지는 못해.

　인간은 암수동체가 아니다. 하나가 되고자 노력하면 할수록 둘이라는 사실을 자각하게 되고, 둘임을 인정할 때 비로소 하나가 되는 거야.

　사랑을 해도 혼자 있는 시간은 서로에게 필요해. 혼자 있는 시간을 통해 지친 몸과 마음도 충전하고, 상대방에 대한 소중함 또한 깨닫게 되거든.

　딸아, 사랑한다는 이유로 모든 순간을 함께하려 하지 마라. 사랑은 풍선 같은 거여서 너무 가까이 다가가다 보면 한순간에 '펑!' 하고 터지고 만다.

이런 남자는 가까이하지 마라

도박 심리가 강해서 일확천금을 노리는 남자, 집착이 심한 남자, 기대려고 하는 남자, 매사에 무기력한 남자, 약속을 밥 먹듯이 어기는 남자, 법을 어겨도 잡히지만 않으면 된다고 생각하는 남자는 정 들기 전에 정리해라.

세상에는 햇살 같은 남자도 있는 반면, 먹구름 같은 남자도 떠다닌다. 전자는 여자에게 행복한 웃음을 선물하지만, 후자는 불행을 잔뜩 품었기에 자신은 물론 주변 사람에게도 불행의 빗물을 퍼붓고 말지.

딸아, 남자는 고쳐 쓸 수도 없을뿐더러 고쳐지지도 않는 존재란다. 아무리 장점이 많은 남자일지라도 단점 한 가지에라도 해당되면 걸러라.

이런 남자는 유심히 보아라

배려심이 깊은 남자, 봉사 활동이 몸에 밴 남자, 자신의 꿈을 공유하는 남자, 여자를 진심으로 존중해주는 남자, 믿음을 주고 신뢰할 수 있는 남자와 사귀어라.

이런 남자가 세상을 아름답게 만들고, 함께 있으면 영감을 주고, 사람답게 살아가는 법을 온몸으로 가르쳐준다.

백 년을 함께 살아도 배울 점이 없는 남자가 있는가 하면, 하루를 함께 살아도 은은한 감동을 주는 남자가 있다.

딸아, 마음속 깊은 곳에서 존경이 우러나오는 남자와 함께 살아라.

외롭다는 이유로 남자를 만나지는 마라

외로워서 연애라도 하고 싶은데 좋은 남자가 보이지 않는다고, 마음에도 없는 남자와 사귀는 경우가 종종 있다.

청춘은 활짝 핀 꽃처럼 인생에서 가장 아름다운 시기란다. 외로운 감정을 달래보겠다고, 결혼 의사가 눈곱만큼도 없는 남자와 인생의 황금기를 허비하지 마라. 너의 한 발짝 뒤에서, 이상형에 가까운 남자가 지켜보다가 한숨을 내쉬며 돌아서게 된다.

딸아, 외로워서 만나는 남자가 있다면 한시라도 빨리 정리해라. 이별이 빠를수록 기회도 빨리 찾아오는 법이란다.

사랑에 빠져도 우정을 잊지 마라

사랑에 빠지면 신기하게도 오로지 그 사람만 보이지. 눈떠도 보이고, 눈감아도 보이거든. 그러다 어떤 계기로 눈에 씐 콩깍지가 떨어져나가면 비로소 주변을 돌아보고, 친구 하나 없는 자신을 발견하지.

아무리 멋진 남자를 만나 사랑해도 우정을 잊지 마라. 청춘일 때 친구를 잃어버리면 초라한 중년과 말년을 보내야 한다.

한평생을 살아가는 데 친구처럼 소중한 존재도 드물다. 친구는 내가 미처 발견하지 못했던 남자의 장점이나 단점을 찾아주기도 하

고, 잘되면 아낌없이 축하해주고, 잘 안되면 슬픔과 외로움을 달래
주지.

딸아! 사랑은 향수 같아서 처음에는 강렬해도 시간이 지나면 점점 엷어
지는 반면, 친구는 숲과 같아서 시간이 지날수록 은은한 향기가 난단다.

결혼 후의 삶을 충분히 생각해보아라

결혼 전의 삶과 결혼 후의 삶은 많은 차이가 나게 마련이다. 남자든 여자든 결혼하면 이전과는 다른 삶을 살아가야 하지. 결혼 후에도 처녀 때와 다름없는 똑같은 마인드로 살아간다면 그 결혼은 유지되지 못할 확률이 높다.

결혼생활은 협력, 책임, 유대, 양보, 신뢰 등등이 자연스럽게 이루어져야 해. 아무런 마음의 준비 없이 결혼하면 사소한 문제로도 마찰을 빚고, 결국 성격 차이라는 이유로 이혼하게 된다.

딸아, 충분히 생각해봤는데 홀로 사는 것보다 나을 거 같지 않다면 결혼하지 마라. 아이 낳고 후회하는 이혼녀보다는 소소한 즐거움을 누리는 독신녀가 행복한 법이다.

결혼은 닮은 사람과 해라

　노부부가 닮은 이유는 오랜 세월 함께 살다 보니 점점 닮아갔을 수도 있지만, 애초에 닮은 사람끼리 결혼했을 가능성도 있다.

　서로 다른 환경에서 살아왔기에 자신에게는 없는 색깔과 향기를 갖고 있는 이는 눈에 확 띄고 끌리게 마련이지. 나와 다른 점이 처음에는 매력적으로 보여도, 시간이 지나면 지날수록 점점 마찰이 잦아져서 피곤함을 느낄 수도 있단다.

　살아온 삶이 천양지차인 사람보다는 어금버금한 사람이 낫다. 성격이나 성장 환경이 비슷하면 추억을 공유할 수 있고, 세상을 바라보는 시각도 비슷해서 다툴 일이 현저히 줄어든단다.

　딸아, 부부가 평생 친구처럼 살아갈 수만 있다면 인생에서 그보다 큰 행복이 어디 있겠니? 연애는 다양한 사람과 해보되, 결혼은 되도록 닮은 사람과 해라.

돈 많은 남자 vs. 괜찮은 남자

마음에 차지는 않는데 돈 많은 남자와 경제적으로는 다소 부족하지만 괜찮은 남자. 결혼 상대로 누구를 선택해야 할지 모르겠다면 네 마음 가는 대로 해라.

'마음 가는 대로' 하라는 건 충동적으로 고르라는 뜻이 아니라, '내가 살아오면서 중시했던 것이 무엇인가?'를 돌아보라는 의미란다. 경제적인 가치를 중시하며 살아왔다면 전자를 선택할 것이고, 존중하고 존중받는 관계를 중시 여기며 살아왔다면 후자를 선택하겠지.

남녀관계에 정답은 없어. 누가 뭐라 하든 너 스스로 그것을 정답이라고 생각하고 살아가면 그것이 정답이야.

우리 사회에 요즘 '건물주'가 일상용어로 회자되지만, 사실은 황금만능주의 시대를 지나가고 있는 중이다. 여전히 돈은 우리의 삶에 필수 불가결한 요소지만, 행복에 절대적인 영향을 끼치는 시대는 아니라는 거지.

세상에 좋은 남자는 많아도 완벽한 남자는 소수야. 좋은 남자가 되는 것은 남자 스스로의 몫이지만 완벽한 남자로 만드는 것은 여자의 몫이야.

딸아, 어떤 남자를 선택해서 결혼하든지 간에 장점은 치켜세워주고 단점은 슬쩍 덮어주어라. 그러다 보면 그 남자가 점점 완벽해 보인단다.

사랑하되, 집착하지는 마라

사랑은 늪과 같아서 깊이 빠져들수록 집착하게 되지. 그럴 때는 스스로 마음속에서 브레이크를 밟아라.

무엇이든 집착하면 욕심이 생기고, 욕심이 커지면 눈이 멀어서 사리 분별을 제대로 못 하는 법. 집착을 사랑이라고 착각하기 쉬운데, 정도를 넘어서면 더는 사랑이 아닌, 사랑을 빙자한 이기심의 발로일 뿐이야. 상대방이야 어떻게 되든 나만 행복하면 된다는 못된 심보에 불과해.

사랑과 집착은 비슷해서 얼핏 보기에는 분간하기 어렵다. 네가 상대방의 마음을 충분히 배려하고 있고, 상대방의 자유마저도 함께 즐긴다면 그것은 사랑이야. 하지만 네 마음의 평화를 위해서 상대방의 자유를 철저히 통제하려 한다면 그건 집착이다.

딸아, 사랑이 새라면 집착은 늑대 같아서 잡으려 할수록 사랑은 멀어진단다.

감정을 숨기지 말고 표현해라

사랑하다 보면 미움, 질투, 분노, 서운함, 배신감 등등을 비롯한 다양한 감정을 느끼게 된다. 산이 깊으면 골이 깊듯이 감정도 그래. 사랑하면 할수록 그와 상반되는 감정도 깊어지게 마련이야.

감정은 스스로 몸집을 불린다. 사랑한다는 이유로 너의 감정을 감추지 마라. 감정이 혼자서 감당할 수 없을 정도로 커지기 전에 감정을 온전히 표현해라.

배려심이 깊어 보일지라도 실제로는 자신의 감정을 처리하는 것만으로도 힘겨워하고 있다. 네가 말하지 않으면 상대방은 너의 감정을 절대로 알 수가 없어.

딸아, 사랑이 힘겹게 느껴지면 감추지 말고 감정을 솔직히 표현해라. 사랑에 그늘이 없어야 관계가 오래간단다.

이별할 때도 예의를 차려라

사랑을 시작할 때 예의를 차렸듯이, 이별할 때도 예의를 차려라.

말없이 잠수 타거나, 문자나 카톡으로 이별을 고하지 마라. 그건 무례하기 짝이 없는 짓이다. 둘이 만나서 사랑을 시작했으니, 이별도 혼자 하지 말고 둘이서 해라. 그래야 서로가 감정을 정리하고 새로운 출발을 할 수 있다.

딸아! 인생의 완성은 죽음에 있고, 사랑의 완성은 이별에 있다. 셰익스피어가 말했듯 끝이 좋아야 모든 게 좋은 법이란다.

여자 팔자는 자유 의지에 달려 있다

'여자 팔자는 뒤웅박 팔자'라는 옛말이 있다.

뒤웅박은 박의 윗부분을 자른 뒤 속을 파낸, 항아리 모양의 그릇을 말하지. 대개 끈을 매달아 사용했는데 부잣집으로 가면 쌀 담는 그릇이 되고, 가난한 집에 가면 감자 같은 걸 담는 그릇이 되거나 빈 그릇이 된다.

여자 팔자는 어떤 남자를 만나느냐에 따라서 바뀐다는 의미로 사용됐는데, 요즘 세상에는 맞지 않는 속담이야. 남자 팔자든 여자 팔자든 간에 팔자는 오로지 자유 의지에 달려 있지.

딸아, 어떤 목표를 갖고서 어떤 마인드로 세상을 살아가느냐에 따라 팔자는 바뀌는 거란다. 좋은 남자와 결혼하되, 결혼생활에 안주하지 말고 네 꿈을 향해 달려가거라.

자식 뒷바라지에 목숨 걸지 마라

　자식은 나의 소유물이 아니라 나와 동등한 하나의 생명체요, 분리된 인격체다.

　어린 생명이니 홀로서기를 할 때까지는 돌봐야겠지만 지나친 교육열에 휩쓸려서 네 인생을 바치지는 마라.

　인생을 자식을 위해 투자한다는 부모도 더러 있는데, 자식은 투자 대상이 아니다. 훗날 대통령이 될 아이라면 가난한 집에서 우유 배달을 하며 자라도 대통령이 되지. 부모의 지나친 개입은 오히려

아이의 성장을 가로막는다.

엄마, 아빠가 네 교육에 아낌없이 투자한 가장 큰 이유는 너의 꿈을 응원하기 위해서였다. 가정에 안주하며 아이가 네 꿈을 대신 이뤄주기를 바라지 마라.

딸아! 결혼해서 아이를 낳아도, 너의 꿈을 향해서 나아가는 좋은 엄마가 되어라.

희생을 자랑스러워하지 마라

희생은 공동체 입장에서 보면 거룩한 일이지만 당사자의 삶에서 보면 불행한 일이야.

물론 살다 보면 부득이하게 너의 삶을 희생해야 할 수도 있어. 배우자나 자식을 위해서 말이야. 설령 그렇다 하더라도 희생을 자랑스러워하지는 마라.

자랑스러워하다 보면 희생에 대한 대가를 바라게 되고, 대가가 기대에 미치지 못하면 지독한 배신감을 느끼게 된다. 어쩔 수 없이 희생해야 하는 상황이라면 기한을 정하고, 그 기간이 끝나면 다시 네 삶을 살아라.

딸아, 네가 존재하지 않는 삶은 살아도 산 것이 아니다. 그 어떤 상황에 있더라도 네 정체성을 잃어버리지 마라.

인성교육에 각별히 신경 써라

자식이 잘되기를 바란다면 어려서부터 인성교육을 시켜라.

인성이 바른 아이는 등 뒤에서 부모가 조금만 도와줘도, 스스로 길을 찾아서 자신의 인생을 살아나간다.

그러나 인성이 삐뚤어진 아이는 성공하면 할수록 사회적으로 더 큰 물의를 빚을 가능성이 커지지. 성인이 된 자식이 물의를 빚는다면 자식 잘못이 절반이고, 절반은 인성교육을 제대로 시키지 못한 부모 잘못이다.

딸아! 자식의 성공을 바라기 전에, 올바른 인성을 지니고 자랄 수 있도록 신경 써라.

이런 아내가 되어라

하나, 배우자를 네 취향대로 개조하려 들지 말고 있는 그대로를 사랑해라.

둘, 서로가 꿈을 공유해라.

셋, 둘만의 시간을 자주 가져라.

넷, 같은 말이라도 좋게 표현해라.

다섯, 단점을 지적하기보다는 장점을 찾아내서 칭찬해라.

여섯, 시댁 식구들에게 관심을 기울여라.

딸아, 행복한 가정의 중심에는 행복한 아내가 있단다. 너 스스로가 행복해야 가족 모두가 행복해진다는 사실을 잊지 마라.

주변인의 성공을 대놓고 부러워하지 마라

결혼해서 살다 보면 주변에 남편보다 잘 풀리는 사람들이 나온다. 그 사람이 사촌일 수도 있고, 대학 동창이나 친구 남편일 수도 있어. 부러운 것은 인간의 마음이니 어쩔 수 없다고 하더라도, 남편 앞에서 대놓고 부러워하지는 마라.

신중하게 선택했다면 네 결정을 믿어야 한다. 남편의 분발을 촉구하려는 의도도 섞여 있겠지만 주변인의 성공을 부러워할수록 오히려 남편의 기가 꺾이게 돼. 야생동물이든 인간이든 간에 한 번 기가 꺾이면 제 능력을 발휘할 수 없다.

딸아, 배우자의 성공을 바란다면 변함없는 신뢰와 용기를 주어라. 인간에게는 누구나 그 기대에 부응하고 싶은 마음이 있단다.

배우자의 직업을 존중해라

애초부터 상대의 직업이 마음에 들지 않으면 결혼하지 마라. 이미 결혼했다면 어떤 종류든지 간에 직업을 존중해줘라.

직업은 그 사람의 사회적 정체성과 깊은 연관이 있다. 사랑하는 사람에게도 인정받지 못하는 남자는 매사에 자신감을 잃고, 좋은 기회가 오더라도 잡을 수 없어.

사랑하는 사람이 그의 직업을 존중해줄 때 사회적 동물로서 자신감을 갖고, 최상의 결과를 내고자 최선을 다하지.

딸아! 여자는 남자의 자신감을 꺾어 겁쟁이로 만들기도 하고, 자신감을 불어넣어 용맹한 전사로 거듭나게도 한다. 이왕이면 겁쟁이보다는 용맹한 전사와 함께 살아라.

어떤 경우라도 폭력은 절대 용인하지 마라

딸을 키우는 아빠로서 가장 우려하는 것은 폭력적인 남자를 만나는 거란다. 연애할 때 조금이라도 폭력적 성향을 보이면, 장점을 99가지 지닌 재벌 2세일지라도 깔끔히 헤어져라.

혹 결혼한 뒤에 남편이 폭력적 분위기를 조성하면 강하게 경고해라. 결국 그 뒤에 배우자가 폭력을 사용했다면, 원인이야 어떻든 그건 네 잘못이 아니라 배우자의 잘못이니, 절대 용서해주지 마라.

딸아, 세상에는 착한 사람도 많지만 처치 곤란한 쓰레기도 많단다. 쓰레기 더미 속에서 아름다운 인생을 허비하지 마라.

재미로 가득하고 고통 없는 삶이
곧 행복이라고 굳게 믿는다면
진정한 행복을 얻을 기회는
오히려 줄어든다.
재미와 즐거움이 행복과 동일하다면
고통은 불행과 동일해야 한다.
하지만 사실은 그 반대다.
행복에 이르는 길에는
대개 어느 정도의 고통이 수반된다.
_지그 지글러

Chapter 5
흔들려도
다시 일어서는 딸에게

삶이 만족스럽지 않을 때는
잠깐 멈춰 서라

삶이 짜증 나고 불만스럽게 느껴질 때가 있다. 일시적 감정이 아니라 장기간 지속된다면 잠깐 멈춰 서라. 중요한 것을 놓치고 있을 가능성이 크기 때문이야.

먼저 삶을 만족스럽게 바꾸기 위해서 해야 할 일들을 순서대로 적어라. 그대로 실천한다면 삶이 바뀔 수 있는지, 아무리 몸부림친들 크게 달라진 것은 없는지 냉정하게 판단해보아라.

세월이 흘러도 바뀌지 않겠다 싶으면 다른 삶을 모색해라. 한 번뿐인 인생인데 소가 도살장 끌려가듯 마지못해 하루하루를 살지는 마라.

딸아, 노력해도 뜻대로 되지 않는 것이 인생일지라도 운명에 굴복하지 말고 방치하지도 마라. 인생을 바꾸려는 의지마저 없다면 삶은 점점 더 나빠질 뿐이란다.

스스로 생각해도 한심할 때는
두 주먹을 불끈 쥐어라

살다 보면 상대적으로 자신이 초라하게 느껴지고 심리적으로 위축될 때가 있다. 인정받고 싶은데, 현실은 오히려 그 반대일 때 울적해지면서 자꾸만 눈물이 나지.

그런 감정이 물밀듯이 밀려오면 아무도 없는 곳에서 눈물을 실컷 흘리는 것도 괜찮아. 하지만 자기비하적인 감정에 오래 사로잡히지는 마라.

감정을 추슬렀으면 두 주먹을 불끈 쥐고서 다짐해라. 이런 기분은 앞으로 두 번 다시 맛보지 않겠노라고!

처음부터 다시 시작하면 된다. 어떤 이들은 '그날'을 발판 삼아 비상하고, 어떤 이들은 '그날' 이후로 우울감에 사로잡혀 살아가지.

딸아, 비록 오늘은 남몰래 눈물 흘릴지라도 내일은 힘차게 날아가거라. 새가 날개를 펴야 날 수 있듯, 인간도 비상을 꿈꿀 때 비로소 날 수 있단다.

위기 상황일수록 나 자신을 믿어라

삶의 위기는 한순간에 찾아온다.

갑자기 해고되거나, 영문도 모른 채 이별 통보를 받거나, 소문으로만 들었던 보이스피싱의 피해자가 되거나, 질병에 걸리거나, 교통사고를 당하거나, 하루아침에 파산하는 등등의 불행이 찾아올 수 있어.

갑자기 환경이나 상황이 열악해지면 나 자신이 한없이 작고 초라하게 느껴지고, 누군가 무심코 뱉은 한마디에도 깊은 마음의 상처를 입게 돼.

그럴 때일수록 흔들리지 말고 자신을 믿어야 해. 너는 여전히 무한한 가능성을 지닌 유능한 존재야. 달라진 것은 환경이나 상황이지, 너 자체가 아니야.

딸아, 위기를 헤쳐나갈 수 있는 사람은 바로 자신뿐이라는 사실을 명심하렴. 자신의 능력을 믿고 위기 상황을 직시하면 반드시 극복할 수 있단다.

마음이 심란할 때는 글을 써라

마음이 심란해서 아무것도 손에 잡히지 않을 때는 현재 상태를 글로 써보아라.

글을 쓸 때는 일기장이나 다이어리 같은 곳에 직접 쓰는 게 좋아. 기기가 편리하다면 스마트폰보다는 노트북이나 컴퓨터를 이용해라. 넓은 여백이 주는 편안함이 있거든.

심란해하는 이유가 뭔지 솔직담백하게 적어보는 거야. 곰곰이 생각하면서 쓰다 보면 현재 나의 문제점이 뭔지 찾을 수 있지. 복잡했던 심정도 어느 정도 정리되고, 당장 해야 할 일들이 떠오르게 마련이야.

딸아, 심란할 때는 축 처져 있지만 말고 차분하게 글로 써보아라. 글을 쓰다 보면 심란한 이유를 찾을 수 있단다.

가슴이 답답할 때는
숨이 턱에 차도록 달려라

누구에게나 이런 날이 찾아온다.

좁아터진 창살에 갇힌 듯 현실이 답답하고, 일이 뜻대로 풀리지 않아서 고함이라도 버럭 지르고 싶은 날…….

그럴 때는 도심 속도 좋고, 운동장도 좋으니 숨이 턱에 차도록 달려라. 심장이 터질 만큼 뛰고 나면 기분도 전환되고, 마음도 한결 가벼워진다.

도저히 해결할 수 없을 듯한 문제도 거뜬히 해낼 것 같은 근거 없는 자신감이 들기도 하지.

딸아, 인간의 정신은 육체와 유기적인 관계를 맺고 있다. 정신적으로 답답할 때는 육체의 긴장을 풀어주는 것도 하나의 방법이란다.

힘들고 괴로울 때는
일찍 잠자리에 들어라

한창 바쁠 때는 잠자는 시간마저도 아깝게 느껴지겠지만 잠을 아끼지 마라.

삶이 힘들고 괴롭게 느껴지는 까닭은 뇌가 한 가지 생각에 사로잡혀 있기 때문이란다. 억지로라도 잠을 청하고 나면 비로소 생각의 끈이 헐거워져서, 뇌가 그 생각에서 벗어나게 되지. 그래서 잠에서 깨어나면 삶이 한결 가볍게 느껴지는 거야.

힘들고 괴로워서 술을 마시면 뇌가 단순해져서 오히려 그 생각에 얽매이게 된다. 삶이 더 괴롭고 힘들게 느껴지지. 힘든 하루는 일찍 마감하는 게 현명한 방법이야.

딸아, 새벽에 눈을 떴는데 잠은 안 오고 돌덩이를 얹어놓은 듯 마음이 무거우면 산책을 해라. 부윰한 여명과 함께 밝아오는 새벽길을 걷다 보면, 내 삶에도 머지않아 햇살이 비치리라는 걸 예감하게 된단다.

잘 안 풀려도 심하게 자책하지 마라

세상 모든 일에는 적절한 시기가 있다. 과정에 최선을 다했다면 겸허히 결과를 받아들여라. 만약 과정이 미흡했다면 반성한 뒤, 발전의 밑거름으로 삼아라.

뜻대로 세상사가 안 풀리면 자책하고 싶은 마음이 드는 것은 인간의 자연스러운 심리지. 모두 내 잘못 같더라도 심한 자책은 하지 마라. 그것도 일종의 자해란다.

실의에 빠진 친구를 위로해주듯, 나 자신을 위로해줘라. 결과야 어떻든 그동안 수고했으니 맛있는 것도 사 먹고, 재미있는 영화도 보고, 산책도 하면서 휴식을 취해라.

딸아! 평지로 보이는 길도 걷다 보면 언덕이 나오듯, 인생도 술술 풀릴 때가 있는가 하면 안 풀릴 때도 있는 거란다. 지금은 언덕을 오르는 시기라고 생각하고 잊어버려라.

경제적으로 힘든 시기일수록
옷차림에 신경 써라

세상 사람들은 옷차림으로 사람 자체를 평가하기도 하지.

경제적으로 힘든 시기에는 머릿속이 복잡해서 옷차림에 소홀하기 쉬운데, 그런 시기일수록 각별히 신경 써라. 외출 전에는 옷에 얼룩이 묻은 곳은 없는지, 구김이 심하지는 않은지, 유행에 너무 뒤처진 것은 아닌지 꼼꼼히 살펴라.

거울이나 쇼윈도에 비친 나의 모습이 초라하게 보이면 자신감이 뚝 떨어진다. 초라한 옷차림은 대인관계에서도 불리하단다. 동정심은 유발할 수 있겠지만 정당한 대우를 받기는 어려워.

딸아, 지금은 경제적으로 힘들더라도 아무렇지 않은 척 살다 보면 정말로 아무렇지도 않게 지나간다. 심리적으로 위축되지 않도록 각별히 유의해라.

울고 싶은 날은 마음껏 울어라

맑은 날도 있지만 흐린 날도 있듯이, 가끔은 울고 싶은 날도 있다.

며칠 전 점심때 햄버거 가게에 들어갔는데 직장인 여성이 혼자 앉아 있더라. 네모난 빨간 쟁반에 놓여 있는 햄버거 세트를 노려보고 있었지. 이를 악물고, 두 주먹을 불끈 쥔 채……

한눈에 보기에도 울지 않으려고 안간힘을 쓰는 중임을 알 수 있었다. 세차게 밀려오는 슬픔에 맞서서 온몸으로 저항하고 있었지.

살다 보면 그런 날이 있다. 직장에서는 울지 않아야 하지만 그렇

다고 참는 게 능사는 아냐. 울고 싶을 때는 화장실에라도 들어가서
눈물을 터뜨리렴. 울음은 참으면 슬픔이 가슴에 눈처럼 쌓이거든.
그러다 눈 쌓인 나뭇가지가 뚝 부러지듯 한순간 가슴이 무너져 내
리지.

　딸아, 때로는 감정에 솔직해질 필요가 있단다. 실컷 울고 나면 비 갠 하늘
처럼 마음도 개운해져서, 서럽고 힘겨운 날들을 뒤로하고 새로운 출발
을 할 수가 있어.

같은 실수를 세 번 하지 마라

첫 번째 실수는 인간인 이상 누구나 할 수 있다. 실수했다고 해서 자책하거나 위축될 필요는 없어.

두 번째 실수도 잠깐 방심하면 할 수 있다고 생각해. 안 했으면 좋았겠지만 이미 한 걸 어쩌겠니? 이미 엎질러진 물이고, 인간은 실수를 통해서 성장하는 존재라는 사실에 위안을 얻어야지.

좀 덤벙대는 성격이라고 해도 같은 실수를 세 번 하지는 마라. 다른 사람도 실망하겠지만 너 역시 스스로에게 실망할 테니까.

실수하지 않겠다고 다짐해도 같은 실수를 반복하는 것은 지나치게 방심했을 수도 있지만 너도 모르게 긴장하고 있기 때문일 수도 있어.

딸아, 어깨에 힘을 빼고 편하게 살아라. 사회생활을 처음 하면 모든 것이 낯설고 어색하겠지만 이내 모든 것이 오래 사용한 소파처럼 익숙해진단다.

216

상처는 들추지 말고 덮어두어라

삶은 상처를 남긴다. 묘하게도 잘 살아가려고 몸부림치면 칠수록 가슴속 어딘가에 큰 상처가 남아. 마치 교통사고처럼 부딪히는 즉시 상처가 생기기도 하지만, 그 당시는 멀쩡하다가도 시간이 지나서 상처가 나 있음을 발견하기도 하지.

어릴 적 깨어진 무르팍에 내려앉은 딱지를 굳기도 전에 떼어내듯, 자꾸만 상처를 파헤치고 싶은 충동을 느낄 때가 있다. 그것이 너의 상처든 타인의 상처든지 간에 상처는 되도록 덮어두는 게 좋아.

딸아, 상처 없는 사람이 어디 있겠느냐마는 아빠는 네가 상처 난 줄도 모르고 인생을 살았으면 좋겠구나. 긴 세월이 흐르고 나면 상처는 더 이상 상처가 아니란다.

희망의 끈을 놓지 마라

최선을 다했는데도 결과가 좋지 않으면 허탈감이 밀려온다. 나를 둘러싼 모든 것이 부질없이 느껴지고, 삶이 허무해서 꼼지락거리는 것마저 귀찮아져.

모든 걸 다 팽개치고 싶은 욕구에 사로잡히기 쉬운데, 그럴 때는 일단 하던 일을 덮어두고 휴식을 취해라. 목표를 향해서 정신없이 달려가다 보면 자신도 모르는 사이에 오버페이스를 하는 경우가 종종 있다.

평소와 큰 차이가 없어서 정상이라고 착각하기 쉬운데 몸도 마음도 비정상인 상태란다. 잠시 휴식을 취하면 정상으로 돌아올 거야. 그때 가서 희망의 끈을 놓을지 말지를 결정해도 늦지 않아.

우리에게는 남이 이룬 것은 과대평가하는 반면, 내가 이룬 것은 과소평가하는 경향이 있다. 실패의 감정은 끝까지 해본 사람이 맛보는 것이기에 비록 실패했더라도 너는 그 자체로 훌륭한 거란다.

삶이 막막하면 가까운 곳만 바라봐라

현실이 막막하다 보면 꿈이 비현실적으로 느껴진다. 먹고살기도 바빠서 꿈꾸는 것마저 사치처럼 여겨지지.

안개 속에서는 바로 앞만 주시하고 걸어가야 하듯, 그럴 때는 가까운 곳만 보고 가는 거야. 해가 뜨면 안개가 거짓말처럼 사라지듯, 묵묵히 가다 보면 막막했던 인생도 언제 그랬냐는 듯이 풀리게 마련이다.

인생길이란 굽이굽이 이어지기 때문에 멀리서 보면 장벽에 막혀 있는 것처럼 보이지. 가까이 다가가야만 비로소 또 다른 길로 연결되어 있음을 알게 된다.

딸아, 삶이 막막해도 걸음을 멈추지 마라. 앞만 보며 걷다 보면 가파른 오르막도, 깜깜한 터널도 언젠가는 끝이 난단다.

머릿속이 복잡할 때는 바다로 가라

출퇴근길의 1호선 지하철처럼 머릿속이 꽉 찰 때가 있다. 생각을 더할 수도 없고, 뺄 수도 없을 때가 있지.

아무리 집중하려 해도 시간만 흐를 뿐 업무 효율은 오르지 않는 다면, 머릿속에 복잡한 문제가 서로 얽혀서 뇌의 기능이 정지된 상태야. 그럴 때는 하던 일을 접고 바다로 가라.

백사장을 하염없이 걷거나 파도 앞에 퍼질러 앉아 수평선만 멀뚱히 바라보고 있으면, 마치 살아 있는 생명체처럼 복잡했던 문제들이 스르르 풀린다. 세상사는 복잡해 보여도 '오컴의 면도날'처럼 단순한 것이 진리인 경우가 많거든.

딸아, 머릿속이 복잡할 때 그리고 삶이 지치고 힘들 때 바다로 가거라. 바다는 엄마 배 속의 양수 같아서, 세상살이에 지친 몸과 마음을 포근히 안아준단다.

힘들 때는 손을 내밀어라

몸과 마음이 한없이 처져서 누군가의 도움이 절실히 필요할 때가
있다.

그럴 때는 주저하지 말고 가까운 사람에게 손을 내밀어라. 사회
구조 변화로 '혼자 힘으로 살아가기'가 당연한 것처럼 여겨지고 있
지만, 세상은 원래 서로 도우며 사는 곳이란다.

손을 내밀 때는 복잡하게 생각하지 마라. 솔직하게 상황을 말하
면 된다. 설령 상대방이 도움을 거절하더라도 실망하지 마라. 세상
의 모든 거절은 나에 대한 것이 아니라, 상황에 대한 거절일 뿐이
란다.

딸아, 아무도 네 손을 잡아주지 않는다면 마지막으로 하나님께 손을 내
밀어라. 하나님도 사정이 있을 테니 지금 당장은 아니라도 언젠가는 반
드시 네 손을 잡아주실 거야.

섬처럼 외로워하지 마라

화려한 불빛과 북적거리는 사람들 속에서 살아도, 망망대해에 홀로 뜬 외로운 섬인 듯 쓸쓸함을 느낄 때가 있다. 회사에서는 업무 외에 이렇다 할 대화를 나누지 못하고, 휴대전화 벨은 잠만 자고 있고, 퇴근 후 마땅히 만날 사람은 없고, 그렇다 하여 곧바로 귀가하고 싶진 않아서 느릿느릿 발걸음을 옮기며 살아가는 날들…….

혼자라고 해서 너무 외로워하지 마라. 살아 있는 한 우리는 모두 보이지 않는 선으로 연결되어 있다. 밤하늘의 별, 지구 건너편의 야자수, 깊은 해저 속에서 반짝이는 물고기, 아마존의 붉은 개미 등등과 모두 하나로 이어져 있지.

딸아, 삶이 즐거운 까닭은 더러는 외로운 날도 있기 때문이란다. 그럴 때는 보물찾기를 하듯 혼자 살아가는 즐거움을 찾아보렴. 의외로 많아서 깜짝 놀랄 거야.

힘든 속사정은
가까운 사람에게만 털어놓아라

속사정이야 누구나 있지만, 더러는 혼자 품고 있기에 버거울 때도 있다.

같이 일하는 동료나 모처럼 만난 친구가 "요즘 무슨 일 있어?"라고 묻더라도 반가운 마음에 속사정을 모두 털어놓지는 마라.

사람들은 자기 자신 외에는 크게 관심이 없다. 속마음을 모두 털어놓았는데 공감해주지 못하면, 분위기만 어색해지고 오히려 너는 더 힘들어져.

혼자서 간직하기 힘든 속사정이 있을 때는 가족이나 베프를 만나라. 익숙한 얼굴을 보면 속마음을 꺼내기도 쉽고, 모두 털어놓고 나면 마음도 편안해진다.

딸아, 너는 때론 잊고 살아가겠지만 언제나 네 뒤에는 너를 사랑하는 사람들이 있단다. 너무 힘들면 언제든지 뒤로 돌아서렴. 아빠가 항상 네 뒤에 서 있으마.

불운은 잠시 들른 손님이다

불운이 찾아오면 신이 나에게만 가혹하게 구는 것 같아서 원망 내지는 좌절에 빠지지.

갖가지 돌발 상황이 벌어지는 것이 인생이다. 초대한 손님이 안 오는 경우도 있고, 더러는 초대하지 않은 손님이 불시에 찾아오기도 하지.

불운이 닥쳐서 눈앞이 깜깜하더라도 너무 괴로워하지 마라. 불운은 함께 살아가는 가족이 아니라 잠시 들른 손님일 뿐이다. 여름날의 장마 같은 거라서 한바탕 퍼붓고 나면 지나가게 마련이야.

딸아, 절망에 빠져 허우적거리지 마라. 너의 좌절감이 크면 클수록 불운은 그 모습이 재미있어서 떠나려 하지 않거든. 이미 찾아왔고, 때가 되면 갈 손님이니 속 편히 생각해라.

비교하지 마라, 삶만 고단해진다

어려서부터 치열한 경쟁 속에서 살아왔으니, 너에게도 은연중 비교하는 습관이 붙어 있을 거야. 사회에 나왔으면, 비교하고 등수를 먹이는 습관은 버려라. 너를 성공으로 이끌어줄 것 같지만 실제로는 삶을 더 고달프게 할 뿐이야.

행복하게 잘 살아가다가도 '가까운 사람들은 다들 잘 풀렸는데 나만 왜 이 지경이지?'라는 생각을 하는 순간, 행복은 신기루처럼 사라져버리지.

비교하지 말고 네가 가진 것에 집중해라. 그 안에 행복과 기쁨이 있고, 성공 비결이 있고, 감사하는 마음이 깃들어 있다.

딸아, 작은 물방울들이 모여서 개천을 이루고 강을 이루듯 매 순간의 마음가짐이 행복한 인생을 만들어가는 거란다.

인생을 지우고 싶을 때는 여행을 가라

　살다 보면 인생의 일부분을 지우고 싶어질 때가 있어. 치명적인 실수를 했을 때도 그렇지만 사업에 실패했거나 실연했을 때도 그런 마음이 들지.

　모든 걸 다 잊고 새롭게 출발하고 싶다면 주변 환경에 변화를 줘야 해. 그래야 뇌가 과거를 모두 장기기억장치 속에 몰아넣어두고 새로운 길을 모색하거든.

가장 쉽고 효과적인 방법은 여행이야. 낯선 시간 속에서 낯선 풍경 속을 천천히 돌아다니다 보면, 뇌는 깊이 천착했던 것들로부터 서서히 빠져나온단다. 여행이 몸에 밸 무렵이면 나의 감정을 지배하고 있던 패배감이나 슬픔에서 벗어날 수 있지.

딸아, 살아온 인생은 지울 수 없을뿐더러 지워서도 안 되는 거란다. 지금은 고통 그 자체여도 그것들은 네가 열심히 살아가야 할 이유이자 성공을 위한 소중한 자산이거든.

실패가 거듭되면 난도가 낮은 일을 찾아라

희한하게도 손대는 일마다 실패할 때가 있어. 자신감은 바닥이고 심리적으로도 위축되어 있을 때는, 일단 하던 일에서 손을 떼고 난도가 낮은 일을 찾아라.

업무와 관련 없어도 괜찮아. 예를 들면 깨끗이 집 안 청소를 하거나, 줄넘기를 백 번 하는 거야. 마음먹으면 누구나 할 수 있는 쉬운 일이지만 막상 하고 나면 자신감이 붙지. 그럼 이번에는 난도를 살짝 높여봐. 배낭을 메고 산 정상에 오르거나 패러글라이딩 같은 레포츠에 도전해보는 거야. 도전을 성공적으로 마치고 나면 평상심도 회복할 수 있고, 전에 없던 자신감도 붙을 거야.

딸아, 너는 무한한 능력을 지니고 있단다. 그럼에도 실패를 거듭하는 이유는 너무 잘하려는 욕심 때문이야. 난도가 낮은 일을 찾아서 하다 보면 욕심도 사라지고, 예전에는 미처 찾지 못했던 새로운 방법을 발견하기도 한단다.

불안할 때는 달아나지 말고 달려들어라

인간은 몸 안에 '불안'을 안고 평생을 살아가야 한다. 미래를 알고 싶어 하지만 알 수 없는 존재로서의 운명이라고나 할까?

수시로 출렁이는 불안 때문에 일이 손에 잡히지 않을 때도 있지만 적절한 불안은 한층 그 일에 매진하게 만들지. 불안은 내가 살아온 날들에 대한 일종의 피드백이기도 하고, 앞으로 벌어질 일에 대한 경고이기도 하니까. 하지만 대부분의 불안은 실제로 벌어질 일이 없는 뇌내 망상에 불과하지.

불안이 심해지면 달려들어서 그 실체를 파악해라. 불안해하는 이유를 적어보거나, 스스로 대화를 해보거나, 지인이나 전문가에게 상담을 받아라.

딸아, 너는 어려서부터 잘못을 저지르면 불안해서 아빠와 눈도 마주치지 못했단다. 하지만 막상 용기를 내서 털어놓으면 마음이 더없이 편해졌지? 불안도 그런 거란다.

231

몸이 아프면 눈치 보지 말고 쉬어라

살면서 가장 서러운 순간은 몸이 아플 때다. 별것도 아닌 말 한마디에도 서러워서 눈물을 흘리지.

학창 시절 때야 쉬면 그만이지만, 사회생활을 할 때는 쉬는 것마저도 눈치가 보인다. 보나 마나 누군가는 안 좋은 소리를 할 테니까. 아무리 호랑이 같은 상사가 있다고 해도, 당장 끝내야 할 프로젝트가 있다고 해도, 몸이 아플 때는 쉬어라. 앞에서 말하기 힘들면 전화로라도 말해라.

침대에 누워 있으면 불안이 밀려올 거야. 그래도 '해고할 테면 해봐라!' 하는 심정으로 푹 쉬었다가 출근해라. '병가'를 낸 경우는 대개 그냥 넘어가게 마련인데, 더러는 비아냥거리는 사람도 있다. 그럴 때는 한 귀로 듣고 한 귀로 흘려라.

딸아, 즐거운 인생이나 서러운 인생은 타고난 운명이라기보다는 살아가는 방식에 달려 있단다. 이왕이면 즐겁게 살아라.

남 탓도 하지 말고, 내 탓도 하지 마라

계획과는 달리 일이 의도치 않은 방향으로 흘러가게 되면 '탓'을 하고 싶어진다. 대개 남 탓을 하게 되는데, 그건 일종의 책임 회피일 가능성이 커.

천주교에서는 한때 '내 탓이오'라는 운동이 성행했지. 종교적인 관점에서 보면 참 좋은 운동이야. 인간의 모든 죄를 대속하기 위해서 십자가를 짊어지신 예수 그리스도의 사랑과 희생정신을 본받자는 의미가 함축되어 있거든. 하지만 이 또한 종교적 신념일 뿐이다.

일이 의도치 않게 흘러갔을 때 너무 '내 탓'을 하지 마라. 심한 자책감은 기분을 울적하게 만들 뿐만 아니라 자신감마저 뚝 떨어뜨린다.

우리가 사는 세상에는 우연이라는 변수가 돌아다닌다. 누구의 잘못 때문일 수도 있지만, 우연히 일이 그냥 그렇게 흘러갔을 수도 있지.

딸아, 잘해보려고 했는데 의도치 않게 뒤틀리면 세상살이가 원래 그런 거려니 하렴. 마음을 잘 추슬러서 다시 시작하면 돼. 우연이 연속으로 개입하는 경우는 드물단다.

괴로움은 때가 되면 하차한다

인생은 탄생이라는 역을 출발해서 죽음이라는 종착역을 향해서 달린다. 대개는 유아기, 소년기, 청년기, 장년기, 중년기, 노년기라는 역을 지나지. 물론 그 사이에 무수히 많은 작은 역이 있는데, 온갖 감정이 수시로 기차에 오르내리지.

마음 같아서는 괴로움, 슬픔, 불행과 같은 부정적 감정들은 안 태워주고 싶겠지만 그럴 수는 없어. 그들이 타지 않으면 즐거움, 기쁨, 행복과 같은 긍정적인 감정도 타지 않거든.

어떤 감정들은 지독한 독감과 같아서 몸과 마음을 만신창이로 만들지. 괴로울 때는 '뭐 하러 사나'라는 감정에 사로잡히기도 하지만, 앞만 보며 달리다 보면 스르르 하차하곤 하지.

딸아! 지나가고, 지나가고, 지나간다. 아빠의 말을 꼭 기억해두었다가 괴로울 때면 나지막이 읊조려라.

삶이 정 힘들면 그냥 아빠 딸로 살아라

작은 일도 잘 해낼 자신이 없고, 삶이 고단해서 앞으로 한 걸음 내딛기조차 힘들고, 하염없이 눈물이 날 때가 있다. 하는 데까지 했는데 더 이상 의욕이 나지 않으면 애써 기운을 짜내서 살아가려고 하지 마라.

그냥 아빠 딸로 살아라. 아빠가 비록 넉넉하지 못하고, 기력도 한창때보다는 떨어졌지만 기꺼이 너의 바람막이가 되어주마.

딸아, 나이 먹고 아빠에게 기댄다고 부끄러워하지도 말고 미안해하지도 말거라. 아빠는 아무리 세상살이가 힘들고 고단해도 네가 아빠 딸이라는 그 사실 하나만으로 충분히 견뎌낼 수 있단다.

인생에는 서두르는 것 말고도
더 많은 게 있다.
_마하트마 간디

Chapter 6
삶의 묘미를
알아가는 딸에게

하루에 한 번은 꼭 하늘을 봐라

정신없이 살다 보면 나를 돌아볼 시간조차 없이 세월이 간다. 지나고 나면 대체 무엇을 위해 그렇게 열심히 살았는지 기억도 나지 않아.

바쁘게 사는 것도 좋지만 가끔은 나를 돌아보렴. 제대로 된 방향으로 가고 있는지, 제대로 인생을 살아가는지 확인할 필요가 있어.

점심시간이든 차를 마시는 시간이든 하늘을 잠시 올려다보는 습관을 길러라. 제대로 된 방향으로 가고 있다면 입가에 절로 미소가 맺힐 것이고, 그렇지 못하다면 제대로 된 방향에 대해서 잠시 생각하게 될 거야.

딸아, 순간의 여유가 훗날 인생의 여유를 만든다. 바쁠 때일수록 순간의 여유를 즐겨라.

경기 규칙을 정확히 숙지해라

스포츠 경기를 즐기는 여성 인구가 점점 늘어나는 추세다. 축구장과 야구장은 물론이고, 격투기장도 여성 팬들로 넘쳐나고 있지.

물론 경기 규칙을 몰라도 경기는 즐길 수 있어. 그래도 규칙을 정확히 숙지하고 있으면 훨씬 더 재미있다. 인생도 그렇듯이 스포츠 경기도 아는 만큼 보이는 법이거든.

규칙을 모르면 물어봐라. 아빠에게도 좋고, 남자 친구에게도 좋아. 하지만 결혼하고 나서는 되도록 물어보지 마라. 이미 수없이 물어본 거라서 남편이 짜증을 낼 가능성이 크다.

딸아, 살아가면서 자주 써먹는 것들은 기회가 생겼을 때 외워두는 게 인생을 효율적으로 살아가는 방법이란다. 쓸데없는 듯한 지식들이 하루를 즐겁게 만들고, 인생을 즐겁게 하거든.

유머를 즐겨라

고등학교 동창 중에 평생 심각하게 산 친구도 있고, 평생 유머와 함께 산 친구도 있다. 유머 감각 있는 친구가 인기도 훨씬 많았는데, 나 역시 희로애락을 함께 나눌 일이 생기면 그 친구를 찾아가게 되더구나.

코란에도 '주위 사람을 웃길 수 있는 사람만이 천국에 갈 자격이 있다'고 적혀 있다. 코란은 무함마드를 통해 알라의 계시를 기록한 책인데, 당시 시대 상황이 가난과 전쟁으로 얼룩져 있던 터라 더더욱 유머가 중요했을 거야.

마음이라는 건 참 이상하지? 아무리 힘겹고 고통스러운 상황일지라도 웃을 수 있는 여유를 찾으면 한결 견딜 만해지거든.

딸아, 아빠는 그동안 수많은 사람을 봤어도 태어날 때 웃는 사람도, 죽은 뒤에 웃는 사람도 보지 못했다. 웃을 수 있을 때 마음껏 웃으며 살아라.

너만의 향기가 있는 삶을 살아라

한국인은 인구밀도가 높은 나라에 사는 데다 열정도 넘치다 보니 우르르 몰려다니는 경향이 있다. 너나없이 치열한 경쟁 속으로 뛰어들어서 앞사람만 보며 달리지.

물론 일찍이 삶의 의미를 깨닫고, 자신의 인생을 찾아가는 사람도 더러 있어. 하지만 대다수는 무리 속에서 바쁘게 달리느라 정신이 없지. 명문대를 향해 달리고, 좋은 직장을 향해 달리고, 비싼 집을 갖기 위해 달려. 그러다 자식을 낳으면 명문대에 보내기 위해서 다시 달리지.

정신없이 달리다가 현역에서 물러나고 나면 비로소 후회해. 삶은 하나가 아닌 제각각이고, 자기 삶의 주인공은 바로 자신인데, 자기 인생을 살았던 날들은 손에 꼽을 정도거든.

딸아, 앞사람을 따라가면 편하지만 성취감을 느낄 수 없단다. 한 번뿐인 인생, 너만의 향기가 있는 삶을 살아라.

중용을 지켜라

중용이란 '한쪽으로 치우치거나 기대지 않고, 지나치거나 모자람이 없음'을 의미해. 잘못 이해하면 회색분자나 우유부단으로 해석하기 쉽지만 그건 아냐.

예를 든다면 슬픈 일을 당한 사람에게는 마음 깊은 곳에서 우러난 위로를 전하고, 기쁜 일이 있는 사람과는 함께 그 기쁨을 온전히 누리는 거야. 내 마음을 표현할 때 미흡함이나 과장됨 없이 최선을 다하는 게 중용이라고 할 수 있지.

즉, 중용이란 현재의 상태에 머물지 않고 매사에 최선을 다해 근본적으로 나를 조금씩 개선해가겠다는 진취적인 정신이야.

딸아, 흐르는 강물에 몸을 담그고 가만히 있으면 떠밀려 내려가듯 조금씩이라도 발전해가지 못하면 시대에 뒤처지게 된단다. 하루에 최소 반 걸음이라도 앞으로 내딛겠다는 마음가짐으로 최선을 다해 살아라.

항상 본질을 보려고 노력해라

불경에 '견지망월(見指忘月)'이라는 고사성어가 있어. 손가락으로 달을 가리키는데 달은 보지 않고 손가락만 본다는 뜻이지.

아빠는 손가락도 본질이 아니지만 달 또한 본질이 아니라고 생각해. 진정한 본질은 달을 보라고 한 의도 속에 숨어 있단다.

세상에는 실제 의도를 숨기는 경우가 비일비재하거든. 의도를 알고서 속아주는 것은 괜찮아. 그러나 숨은 의도를 모른 척 시키는 대로 했다가는 큰 봉변을 당하게 돼.

딸아, 겉모습이나 말솜씨에 현혹되지 말고 항상 본질을 파악하려 노력해라. 지혜로운 사람이 되면 그물에 걸리지 않는 바람처럼 자유롭게 살아갈 수 있단다.

때로는 인내가 최고의 전술이다

'인내'는 어리석은 사람의 전유물 같아도 인내처럼 합리적인 전술도 없다.

단군신화에서 호랑이가 그랬듯, 견디기 힘들다고 뛰쳐나가는 건 누구나 할 수 있어. 하지만 비록 우둔해 보일지라도 곰처럼 참고 견디는 일은 현명한 사람만 할 수 있지. 지금은 힘들어도 머지않아 끝이 날 거라는 믿음 내지는 혜안이 없다면 취할 수 없는 전략이거든.

인생의 내공이란 나이를 먹는다고 쌓이는 게 아니야. 현재 나의 처지와 주변 상황을 정확히 파악하고 미래 변화를 감안해서 현재의 내가 취할 수 있는 가장 효과적인 전략을 선택해갈 때, 비로소 연륜과 함께 내공도 쌓이지.

'인내와 뽕잎은 비단옷이 된다'는 중국 속담이 있다. 인내해야 할 때 인내하지 못하면 달콤한 열매를 맛볼 수 없지.

딸아, 인내는 영혼을 단련시켜주니 인내해야 할 때는 인내해라.

존중하고 또 존중해라

정보가 넘쳐나다 보니, 정치든 경제든 문화든 간에 개인적인 생각이 없는 사람은 찾아보기 힘들 정도다. 그래서 요즘은 자신의 의견을 개진하느라 타인의 의견을 무시하는 사람을 쉽게 찾아볼 수 있지.

뇌 구조는 비슷해도 뇌가 성장해온 환경이 다르고, 살아온 날들이 다르고, 정보를 해석하는 방식 또한 제각각이므로 생각이 다른 건 지극히 당연한 거야. 나와 생각이 다르다는 이유로 다른 사람을 무시하거나 비난하지 마라.

딸아, 생각이 다르다는 이유로 네가 그들을 비난한다면 너 또한 그들로부터 비난받아야 마땅하다. 생판 모르는 사람의 생각일지라도 존중하고 또 존중해라.

성공한 사람을 만나면 장점을 봐라

사회적으로 성공한 사람을 만났을 때 단점을 찾아내는 사람이 있고, 장점을 찾아내는 사람이 있다. 전자는 질투라는 감정에 사로잡힌 것이고, 후자는 성장 욕구에 사로잡힌 거야. 성공 가능성은 아무래도 전자보다는 후자가 높단다.

성공한 인물 중에는 여러모로 훌륭한 사람도 있지만, 저따위 인성으로 어떻게 성공했나 싶을 정도의 인간말종도 존재해. 상종조차 하기 싫을 수도 있지만, 마음을 낮추고 자세히 들여다보면 그에게도 배울 점이 있지.

딸아, 항상 배우려는 마음가짐으로 살면 편안하고 느긋한 노년기를 맞이할 수 있다. 질투에 눈이 멀어서 성공 비결을 배울 소중한 기회를 놓치지 마라.

익숙해짐을 경계해라

잘못하는 건 익숙해지려고 노력하되, 일단 익숙해지면 정체됨을 경계해라.

뇌는 자신이 잘 알고 있고, 잘할 수 있는 것에 대해서는 더 이상의 에너지를 낭비하려 들지 않는다. 나이 먹으면 치매에 걸리는 이유도 삶에 새로움이 사라져서 뇌 활동이 점차 둔화되기 때문이지.

익숙해지면 안주하게 되고, 안주하면 인생에서 더 이상의 발전을 기대할 수 없어. 매일 반복하는 똑같은 일이라도 시각을 바꾸면 다양한 방식으로 해낼 수 있다.

일도 그렇지만 대인관계에서도 익숙해짐을 경계해라. '호의도 계속되면 권리로 안다'라는 말처럼 뇌는 익숙해지면 무신경해진다. 남편은 물론이고 단골 식당 종업원의 작은 친절에도 감사하는 마음을 잃지 마라.

딸아, 생명이란 끝없이 새로운 정보를 생성해내는 존재다. 더 이상 정보를 생성해낼 수 없다면 죽은 것과 다름없으니, 제자리에 머물지 말고 항상 새로움을 추구해라.

정신없이 바쁠 때일수록 휴식을 취해라

일에 치이다 보면 중요한 것을 놓치기도 쉽고, 감각이 무뎌져서 돌이킬 수 없는 실수를 저지르고 만다. 대형 산업재해는 정신없이 바쁜 현장에서 발생하지. 모두가 제 일에 몰두하다 보면 안전 문제에 소홀해지거든.

개인의 사고 또한 마찬가지야. 정신적으로든 육체적으로든 과로하면 위험에 무방비 상태로 노출돼. 아무리 정신없을 만큼 바쁠지라도 짬짬이 휴식 시간을 마련해서 쉬어라. 그래야 뇌와 육체가 제기능을 한단다.

인디언들은 말을 타고 달리다가 한 번씩 멈춰 서서, 영혼이 뒤따라오기를 기다렸다고 한다. 앞만 보며 달리지 말고, 바쁠수록 뒤를 돌아보며 놓친 것은 없나 꼼꼼히 살펴라.

딸아, 명예도 좋고 성공도 좋지만 건강을 해치면서까지 목매지는 마라. 명예와 성공을 모두 합쳐서 무게를 재도 건강의 반만큼도 나가지 않는다.

삶이 바빠지면 우선순위를 정해라

여자는 출산하고 나면 삶의 시계가 빨라지기 시작한다. 전업주부도 아닌 커리어우먼으로 살아가고 있다면 넋이 빠질 정도지. 몸은 하나인데 반드시 챙겨야 할 게 한두 가지가 아니거든. 가족, 일, 건강, 친구, 자식, 종교, 기타 등등…….

해야 할 일들이 무질서하게 달려들게 마련인데, 통제권을 빼앗기면 삶은 엉망진창이 된다. 그럴 때는 우선 통제권을 확보하렴. 먼저 네가 생각하는 중요도에 따라서 우선순위를 정해라. 그런 다음, 우선순위에 따라 차례로 처리해라. 설령 시간이 없어서 처리하지 못한 것들이 있더라도 죄책감을 느끼지는 마라. 다음 기회에 만회하면 된다.

딸아, 인생은 시소와 같아서 한쪽에 무게 중심을 두면 다른 쪽은 소홀해질 수밖에 없단다. 완벽을 추구할수록 삶만 힘겨워지니 지나간 일들은 잊어라.

마음의 문을 열고 현실을 받아들여라

며칠 전에는 오랜만에 지인을 만났단다. 딸 소식을 물으니 해외 여행을 갔다가 현지인을 만나서 잘 살고 있다더라. 그러다 우연히 다른 사람을 통해서 진실을 알게 됐다. 딸이 해외여행을 갔다가 3년 전에 사고로 죽어서 화장까지 했는데, 여전히 죽음을 받아들이지 못하고 있다더라.

우리는 이별을 이별로 받아들이지 않고, 실패를 실패로 인정하지 않는 등 자기 자신을 속이며 살아가기도 한다. 마음속에 일종의 댐을 쌓아놓고 살아가는 셈인데, 의식은 부정해도 무의식은 그 사실을 알고 있기에 시간이 흐를수록 댐 안에 슬픔이 차오르지. 그러다 어느 순간 댐이 터지면 슬픔을 감당할 수 없게 된다.

딸아! 까닭 모를 슬픔이 느껴지거든 마음의 문을 활짝 열고, 지나간 것들 중 여전히 문밖에서 서성이고 있는 걸 받아들여라. 한동안 슬프고 괴로워도 시간이 지나면 앓던 충치를 빼낸 것처럼 삶이 개운해질 테니.

어지간한 일은 웃어넘겨라

기분이 나쁜 것은 실제 기분 나쁜 일이 발생했기 때문일 수도 있지만, 대부분은 별것도 아닌 일을 곰곰 따지며 물고 늘어지기 때문이다.

말도 해석하기 나름이고, 크고 작은 실수 또한 누구나 저지르게 마련이야. 설령 출근길에 발을 헛디뎌 넘어졌더라도 해석하기에 따라 그날 기분이 달라진다. 재수 옴 붙었다고 생각하면 온종일 기분 나쁠 것이고, 크게 안 다쳐서 운이 좋았다고 생각하면 기분 좋은 하루를 보낼 수 있지.

딸아, 부정적인 감정에 집착하면 할수록 너만 손해야. 모든 건 해석하기 나름이니 어지간한 일은 웃어넘겨라.

가끔 만나는 사람이라면 특별히 잘해줘라

사람은 저마다 이미지가 있다. 초등학교 동창회에 나가보니 무수한 세월이 흘렀음에도 예전 이미지만큼은 변함이 없더라. 울보는 여전히 울보로 불리고, 범생이는 여전히 범생이로 불리더구나.

살다 보면 아주 가끔 만나는 사람이 있다. 먼 친척 같은 경우도 그렇고, 외국에 사는 친구의 경우도 그래. 이들에게 나쁜 인상을 심어줄 경우, 헤어져 있는 내내 욕을 먹게 된다. 반대로 호감을 사면 떨어져 있는 내내 칭찬을 듣게 되지.

각자 살아가는 공간이 달라서, 그들이 뭐라고 하든 딱히 상관없을 것 같지만 그렇지도 않아. 몇몇 입을 거치다 보면 네 주변 사람들에게까지 전해지거든.

딸아, 사람들에게 친절을 베풀되 가끔 만나는 사람이라면 특별히 더 잘해줘라. 더러는 흥부전의 제비처럼 작은 친절이 큰 행운을 물어오기도 한단다.

소소한 즐거움을 늘려가라

인생의 즐거움은 소소한 것들에 의해서 좌지우지된다.

때론 소소한 것들에 발목 잡혀서 인생을 탕진하기도 하지만, 잘 만 활용하면 살아가는 데 은은한 즐거움을 느낄 수 있지.

부윰하게 밝아오는 새벽 풍경 보며 차 마시기, 친구들과 정기적 으로 모여 맛있는 음식 먹으며 수다 떨기, 좋아하는 사람과 수목원 걷기, 거울 앞에서 나의 장점 찾아보기, 주말 저녁에 명화 감상하기 등등……. 소소한 즐거움은 우리 삶 곳곳에 숨어 있어.

이런 순간들은 자존감 향상에도 도움이 되고 스트레스를 이겨내 는 데도 도움이 되지. 또한 인생의 긍정적인 측면을 보여줌으로써 전반적인 삶의 가치를 높여준다.

딸아, 소소한 괴로움은 하나씩 제거하고 소소한 즐거움은 하나씩 늘려 가거라. 아빠는 너의 입가에 맺힌 잔잔한 미소가 좋더라.

역사책을 가까이해라

역사책을 읽으면 과거를 통해 미래를 배울 수 있다. 현재는 과거가 되고, 미래 또한 언젠가는 과거가 되지. 즉, 우리의 과거는 누군가에게는 미래였던 거야.

역사책을 읽으면 지식이 늘고, 선인과 악인에 대한 구분이 명확해지고, 성공과 실패에 대해서 배울 수 있단다.

살다 보면 여러 난관에 부딪히게 마련인데, 역사책을 꾸준히 읽으면 난관에 봉착하더라도 어디선가 한번 경험해본 듯한 느낌이 들어서 그다지 당황하지 않고 침착하게 대처할 수 있어.

딸아, 틈날 때마다 역사책을 읽어라. 비록 과거의 사건을 기록한 책이지만 지난 사건들을 통해서 당면한 여러 문제를 해결할 지혜를 얻을 수 있단다.

집을 고를 때 공간의 편리를 눈여겨봐라

직접 설계한 집이 아니라면 이미 지어져 있는 집에 사람이 입주한다. 그래서 싫든 좋든 주어진 공간에 적응하며 살아가야 해.

처음에는 불편함을 전혀 모르다가도, 일정한 시간이 지나면 나에게 맞지 않는 가구나 공간 때문에 은근한 스트레스를 받기도 한단다. 공간이 불필요한 노동을 강요할 때도 있고, 자유 시간을 빼앗기도 하거든.

집을 고를 때는 나의 신체 구조와 취향, 생활 습관 등을 충분히 고려해라. 유명 디자이너가 만든 신상품이라도 나에게 어울리는 옷이 있고 아닌 옷이 있듯, 집도 마찬가지야.

딸아, 인간은 공간 속에서 살아가는 존재이기 때문에 공간이 주는 행복감을 무시할 수 없단다. 물고기가 해초 속을 유연하게 헤엄쳐 나가듯, 눈을 감고도 생활할 수 있는 그런 공간인지 꼼꼼히 살펴라.

한 달 중 가장 행복했던 순간을 기록해라

행복도 습관이야. 뇌가 행복한 습관을 지닐 수 있도록 의도적으로 노력할 필요가 있다.

뇌는 도파민이 분비되는 순간을 좀처럼 잊지 못하지. 마약, 도박, 게임, 알코올 등등을 즐길 때 행복 호르몬인 도파민이 강제로 분비되거든. 그래서 한번 빠지면 쉽게 헤어나지 못하는 거란다.

도파민은 일상 속에서도 분비돼. 한 달 가계부를 정리하거나 결산할 때면, 한 달을 살며 가장 행복했던 순간을 떠올려서 기록해라.

언제, 어디서, 누구와, 무엇을 할 때, 어떤 순간에 왜, 가장 행복하다고 느꼈는지를 세세하게 적는 거야.

그 순간이 행복했다면 뇌는 다시 한 번 그 기분을 맛보기 위해 노력할 거야. 그것이 여행지에서였다면 다시 여행을 가고, 운동 중에 일어난 일이었다면 운동을 더욱 사랑하고, 주말 저녁에 가족과 식사 중에 느낀 감정이었다면 더 자주 가족과 식사를 할 거야.

딸아, 태어날 때부터 행복한 사람은 아무도 없단다. 행복했던 순간의 기록을 통해서 뇌가 건강한 행복에 중독되도록 해라.

내면의 소리에 귀 기울여라

사회에서 성공한 사람이나 사회생활을 활발하게 하는 사람 중에는 겉보기에는 무척 행복하지만 실제로는 그렇지 않은 경우도 많다. 단지 사회적 가면인 페르소나를 쓰고 있기에 행복해 보이는 것일 뿐!

우리는 모두가 가면을 쓰고 살아간다. 가면에 충실하다 보면 종종 본래의 나를 잃어버리지. '가면 속의 나'와 '가면을 쓴 나' 사이에 갭이 벌어지면 실제의 나를 부정하기 위해서 거짓말을 하거나 우울증에 걸리기도 해.

가끔 명상이나 사색을 통해 내면의 소리에 귀 기울이거라. 사회적으로 성공하는 것보다 내가 원하는 삶에 가깝게 살아가는 것이 더 중요하단다.

딸아, 내면의 소리에 귀를 기울이며 살아라. 나는 '너'도 아니고, '우리'도 아니고, 바로 '나'일 때 가장 행복한 법이란다.

자연인으로 돌아가라

전자기기는 인류에게 수많은 혜택과 편리를 주었지만, 그로 말미암은 부작용도 만만치 않아. 스트레스도 적지 않지만 가장 중요한 것은 인간 본래의 즐거움을 빼앗았다는 거야.

가끔은 스마트폰, 노트북, 컴퓨터, TV 등등이 없는 시간을 보낼 필요가 있어. 스마트폰은 전원을 꺼놓거나 아예 집에 놔두고, 자연 속에서 온전하게 하루를 보내라. 숲길을 천천히 걷다가 계곡물에 발을 담가보고, 야생화를 관찰하거나, 바위에 걸터앉아 세상을 내려다보고, 울창한 나무 아래서 사색을 해봐라.

딸아, 자연은 인간에게 엄마의 자궁 같은 거란다. 자연과 하나가 될 때 인생의 은은한 즐거움을 느낄 수 있다.

맞서 싸워야 할 때는 물러서지 마라

싸움은 최대한 하지 마라. 손해 볼 것 같으면 협상으로 타협해라. 하지만 인생을 살다 보면 한두 번쯤은 불의에 맞서 불가피하게 싸워야 할 때가 있다.

여기서 물러서면 평생 비겁자라는 낙인을 안고 살아야 하는 상황이라고 판단되었다고? 그렇다면 과감히 맞서 싸워라. 인생 대부분의 것은 세월의 강물에 떠내려가게 마련이지만 후회만큼은 떠내려가지 않는단다.

임종을 앞둔 사람들은 용기를 내야 했을 때 그러지 못한 것을 후회하곤 하지. 어차피 이렇게 살아도 한평생, 저렇게 살아도 한평생이다. 때론 용감해질 필요도 있어.

딸아, 세상은 원래 불공평한 곳이란다. 그렇다고 해서 그런 논리에 굴복하지는 마라. 너 스스로 당당함을 잃어버리는 순간, 차별뿐인 세상이 시작된다.

인생을 즐겨라

아빠는 네가 중학교 2학년 때 했던 말을 지금도 잊지 못한다.

"하나도 놀지 못하고 대학만 바라보며 죽어라 공부했는데, 대학도 가기 전에 사고로 죽으면 어떡해요? 사고로 죽어도 후회를 덜 하려면 조금씩 놀며 공부해야 하는 거 아닌가요?"

그때 참 마음이 아팠다. 좋아하는 일을 하며 인생을 살아야 하는데, 스스로 판단해서 결정하기에는 어리다는 이유로, 지나치게 공부를 강요한 건 아닌가 싶어서 반성하게 되더라.

너도 딸 노릇은 처음이겠지만 나 역시 아빠 노릇이 처음이라서 실수투성이였다. 지금의 아빠라면 네가 살아가고 싶은 인생이나 공부의 즐거움에 대해서 함께 고민하고 토론했을 거야.

딸아, 직장 다니며 공부하느라 힘들지? 먹고, 마시고, 노는 것만이 인생을 즐기는 것은 아니란다. 일도 공부도 생각하기에 따라서 즐길 수 있으니, 충분히 즐기며 살아가렴.

나이 먹는 것을 두려워하지 마라

언젠가는 너도 문득 나이 먹었다고 느낄 거야. 아무것도 이룬 게 없는데 나이만 먹었다고 생각하면 초조해지고, 에누리 없이 흘러가는 세월이 두렵게 느껴지지.

조화가 아닌 이상 핀 꽃은 지게 마련이다. 때론 아름답고, 때론 한없이 불안했던 청춘도 언젠가는 지나가지. 하지만 그것은 소멸한 게 아니라 네 인생 안에 고스란히 담겨 있어.

사실 나이 먹으면 좋은 점도 많아. 인체 호르몬이 안정적으로 분비되어서 감정 조절도 쉬워지고, 세상을 보는 안목도 넓어지거든.

딸아, 나이 먹는 걸 두려워하지 말고 주어진 삶을 충실히 살아가렴. 세월은 흘러가면 두 번 다시 돌아오지 않기에 매 순간이 반짝이고 아름다운 거란다.

인생을 어떻게 살면 좋겠냐고 묻는 딸에게

초판 1쇄 인쇄 ㅣ 2024년 10월 2일
초판 1쇄 발행 ㅣ 2024년 10월 15일

지은이 ㅣ 한창욱
펴낸이 ㅣ 박찬근
펴낸곳 ㅣ 주식회사 빅마우스출판콘텐츠그룹
주　소 ㅣ (10550) 경기도 고양시 덕양구 삼원로 73 한일윈스타 1422호
전　화 ㅣ 031-811-6789
팩　스 ㅣ 0504-251-7259
이메일 ㅣ bigmouthbook@naver.com
본　문 ㅣ 미토스
표　지 ㅣ 강희연

ⓒ 한창욱

ISBN 979-11-92556-31-4 (03320)

※ 잘못 만들어진 책은 구입처에서 교환 가능합니다.